纵横山海

—— 山海经异兽图鉴

赵客 绘　徐梦颖 编

北京出版集团
北京工艺美术出版社

图书在版编目（CIP）数据

纵横山海 ：山海经异兽图鉴 / 赵客绘 ；徐梦颖编
. -- 北京 ：北京工艺美术出版社，2024.8
ISBN 978-7-5140-2825-6

Ⅰ．①纵… Ⅱ．①赵… ②徐… Ⅲ．①《山海经》－
图集 Ⅳ．①K928.626-64

中国国家版本馆CIP数据核字（2024）第084618号

出 版 人：夏中南
策划编辑：高 岩 张楠卿
责任编辑：冯淑泰
装帧设计：冯耀光 王佳馨
责任印制：范志勇

纵横山海——山海经异兽图鉴

ZONGHENG SHANHAI——SHANHAIJING YISHOU TUJIAN

赵客 绘 徐梦颖 编

出 版 北京出版集团
北京工艺美术出版社
发 行 北京美联京工图书有限公司
地 址 北京市西城区北三环中路6号 京版大厦B座702室
邮 编 100120
电 话 （010）58572763（总编室）
（010）58572878（编辑室）
（010）64280045（发 行）
传 真 （010）64280045/58572763
经 销 全国新华书店
印 刷 广东省博罗县园洲勤达印务有限公司
开 本 889毫米×650毫米 1/16
印 张 23
字 数 100千字
版 次 2024年8月第1版
印 次 2024年8月第1次印刷
印 数 1～5500
定 价 398.00元

縱橫山海

【前言】

《山海经》用图志式神话的叙事方式记载了九州之内的奇山异水、飞禽走兽，视觉艺术与文学表述相辅相成，以文学性、艺术性与功能性共同构筑起一个四海八荒分布着九尾狐、烛龙、帝江等鬼怪异兽的神秘世界，被称为中国『神话之渊府』『古今语怪之祖』。

先民恢宏夸诞的幻想、浓郁的大地神思、自然崇拜、巫术信仰、原始的性质和洪荒的气息超越了文字所能抵达之处，而我相信这间隙唯有诗意的视觉艺术可补充。现存的《山海经》图多为明清时期的刻本插图，如明代胡文焕、蒋应镐和清代汪绂所画的独具中国传统绘画特色的线描插图，大量留白和粗重的笔墨显示出《山海经》芜杂、粗陋的原始性。可见图像作为人们日常观赏的形式，体现着超越文字的视觉张力，不但承载着丰富的东方文化内涵，更向观看者展现出一种创造的、审美的视角，去切入遥远而诡谲的文字档案。

同时，在『国潮热』的今天，作为艺术创作者的我们希望不断回溯传统文化并产生新的作品。《山海经》中的灵怪异物依附于民俗迥异的地域山川，呈现出千奇百怪、变幻多端之势。其神话属性具有可以补充、改造、生发、变异的巨大可能性，为国风艺术创作提供了丰富瑰丽的灵感触媒。

于我而言，《山海经》中所展现的美学特征启发着我的创作思路。书中的物种超越了科学的解释范畴，甚至超越了生与死的轮回，给予我无限的灵感启示。兽、人、神之间的界限被模糊后，诞生了神、禽、兽、鱼、虫等异类合体的稚拙而又神奇的想象。这种异体合构以怪诞的面目和野性的气质，体现了一种惊天地、泣鬼神的原始激情。神话生态中的艺术加工充分打破了自然科学和社会规约的束缚，这种神话精神追求的正是生命形态的自由与灵性，它浸染着我的思想和笔触。

《纵横山海——山海经异兽图鉴》的诞生鼓舞我以现代视角继续探索、重思古老意象，上古的诡谲想象经当代转译后，不但更具文化普及意味，而且蕴含无比珍贵的思想价值。

那些表面怪诞的神话故事隐喻着人类世代生而为人的永恒的向往，同时，《山海经》在神话片段的吉光片羽之外，仍有开阔的空白，是值得一代一代人再诠释的开放的艺术体系。

【目录】

南山經

山經

狌狌

有兽焉，其状如禺而白耳，伏行人走，其名曰狌狌，食之善走。

鹿蜀

有兽焉，其状如马而白首，其文如虎而赤尾，其音如谣，其名曰鹿蜀，佩之宜子孙。

旋龟

怪水出焉，而东流注于宪翼之水。其中多玄龟，其状如龟而鸟首虺尾，其名曰旋龟，其音如判木，佩之不聋，可以为底。

鯥

有鱼焉，其状如牛，陵居，蛇尾有翼，其羽在魼下，其音如留牛，其名曰鯥，冬死而夏生，食之无肿疾。

类

有兽焉，其状如狸而有髦，其名曰类，自为牝牡，食者不妒。

猼訑

有兽焉，其状如羊，九尾四耳，其目在背，其名曰猼訑，佩之不畏。

鵸鵌

有鸟焉，其状如鸡而三首六目、六足三翼，其名曰鵸鵌，食之无卧。

九尾狐

有兽焉，其状如狐而九尾，其音如婴儿，能食人；食者不蛊。

赤鱬

其中多赤鱬，其状如鱼而人面，其音如鸳鸯，食之不疥。

鴸

有鸟焉，其状如鸱而人手，其音如痺，其名曰鴸，其名自号也，见则其县多放士。

猾褱

有兽焉，其状如人而彘鬣，穴居而冬蛰，其名曰猾褱，其音如斫木，见则县有大繇。

彘

有兽焉，其状如虎而牛尾，其音如吠犬，其名曰彘，是食人。

䍺

有兽焉，其状如羊而无口，不可杀也，其名曰䍺。

蛊雕

水有兽焉，名曰蛊雕，其状如雕而有角，其音如婴儿之音，是食人。

瞿如

有鸟焉，其状如䴔，而白首、三足、人面，其名曰瞿如，其鸣自号也。

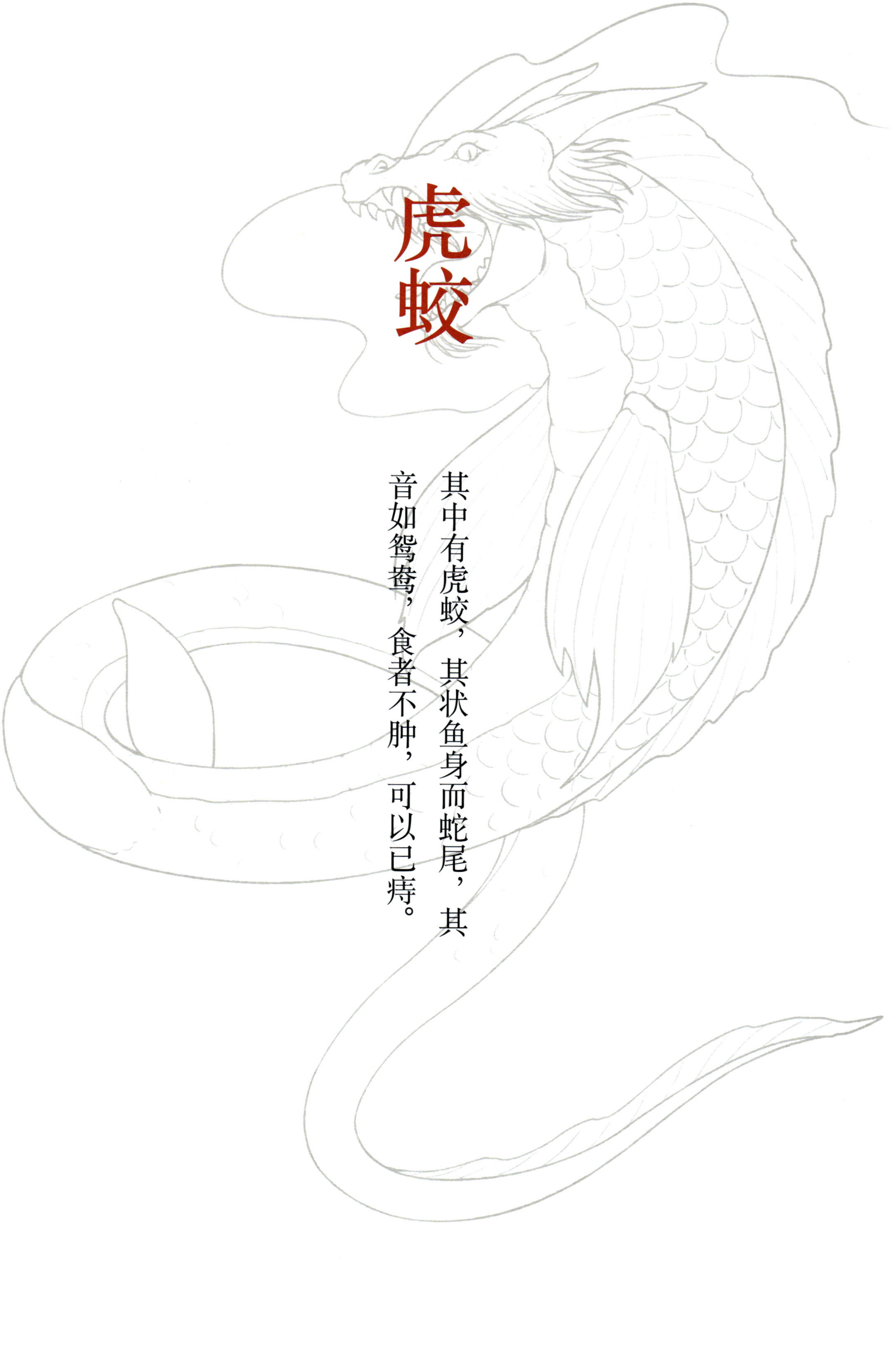

虎蛟

其中有虎蛟，其状鱼身而蛇尾，其音如鸳鸯，食者不肿，可以已痔。

凤皇

有鸟焉，其状如鸡，五采而文，名曰凤皇，首文曰德，翼文曰顺，背文曰义，膺文曰仁，腹文曰信。

颙

有鸟焉，其状如枭，人面四目而有耳，其名曰颙，其鸣自号也，见则天下大旱。

西山經

羬羊

有兽焉，其状如羊而马尾，名曰羬羊，其脂可以已腊。

肥遗

有蛇焉，名曰肥遗，六足四翼，见则天下大旱。

葱聋

其兽多葱聋，其状如羊而赤鬣。

鸱

其鸟多鸱，其状如翠而赤喙，可以御火。

豪彘

有兽焉，其状如豚而白毛，毛大如笄而黑端，名曰豪彘。

嚣

有兽焉，其状如禺而长臂，善投，其名曰嚣。

谿边

有兽焉，其状如狗，名曰谿边，席其皮者不蛊。

玃如

有兽焉，其状如鹿而白尾，马脚人手而四角，名曰玃如。

⿱敏牛

有兽焉，其状如牛，而苍黑大目，其名曰⿱敏牛。

鸾鸟

有鸟焉，其状如翟而五采文，名曰鸾鸟，见则天下安宁。

凫徯

有鸟焉，其状如雄鸡而人面，名曰凫徯，其鸣自叫也，见则有兵。

举父

有兽焉，其状如禺而文臂，豹尾而善投，名曰举父。

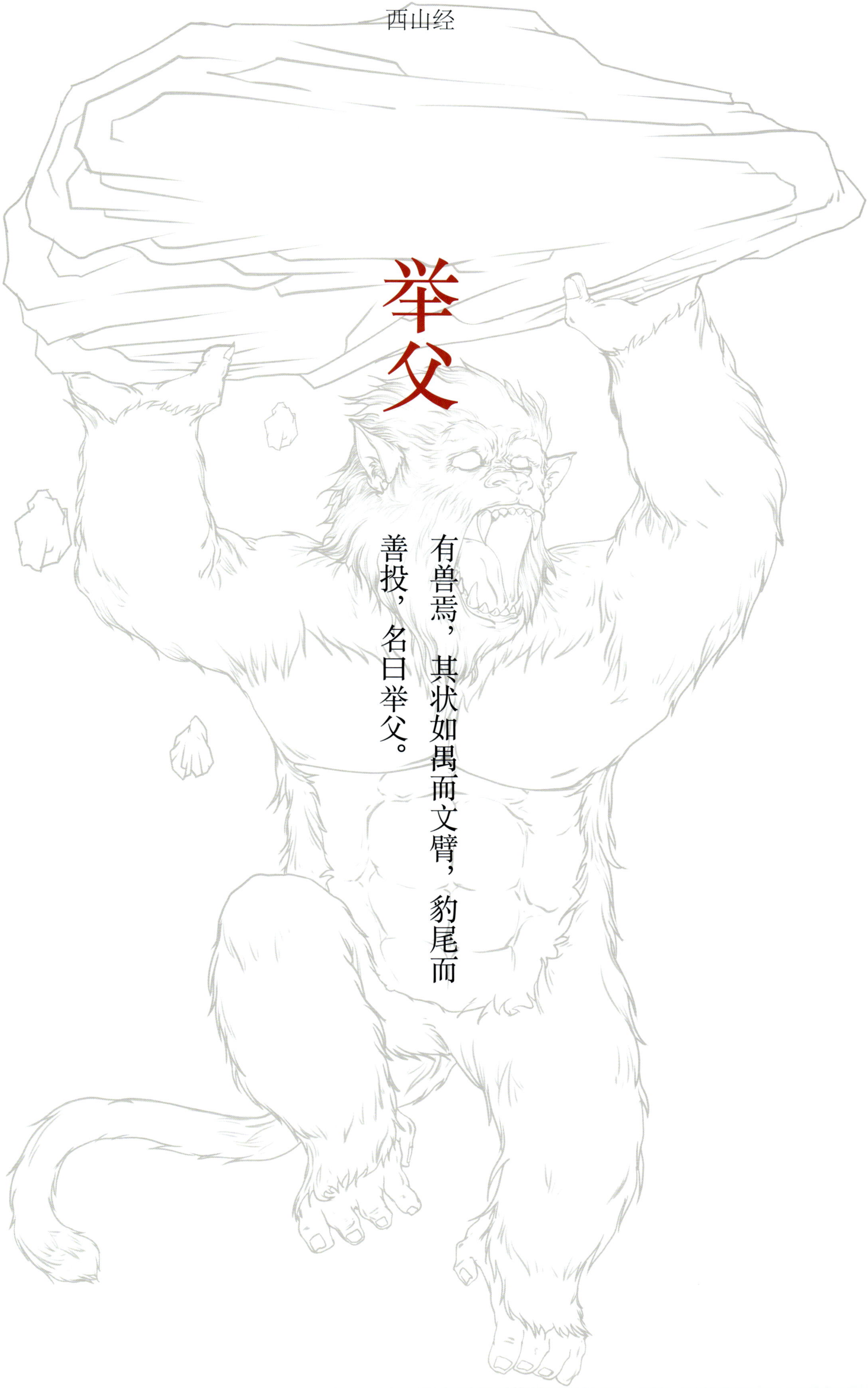

蛮蛮

有鸟焉，其状如凫，而一翼一目，相得乃飞，名曰蛮蛮，见则天下大水。

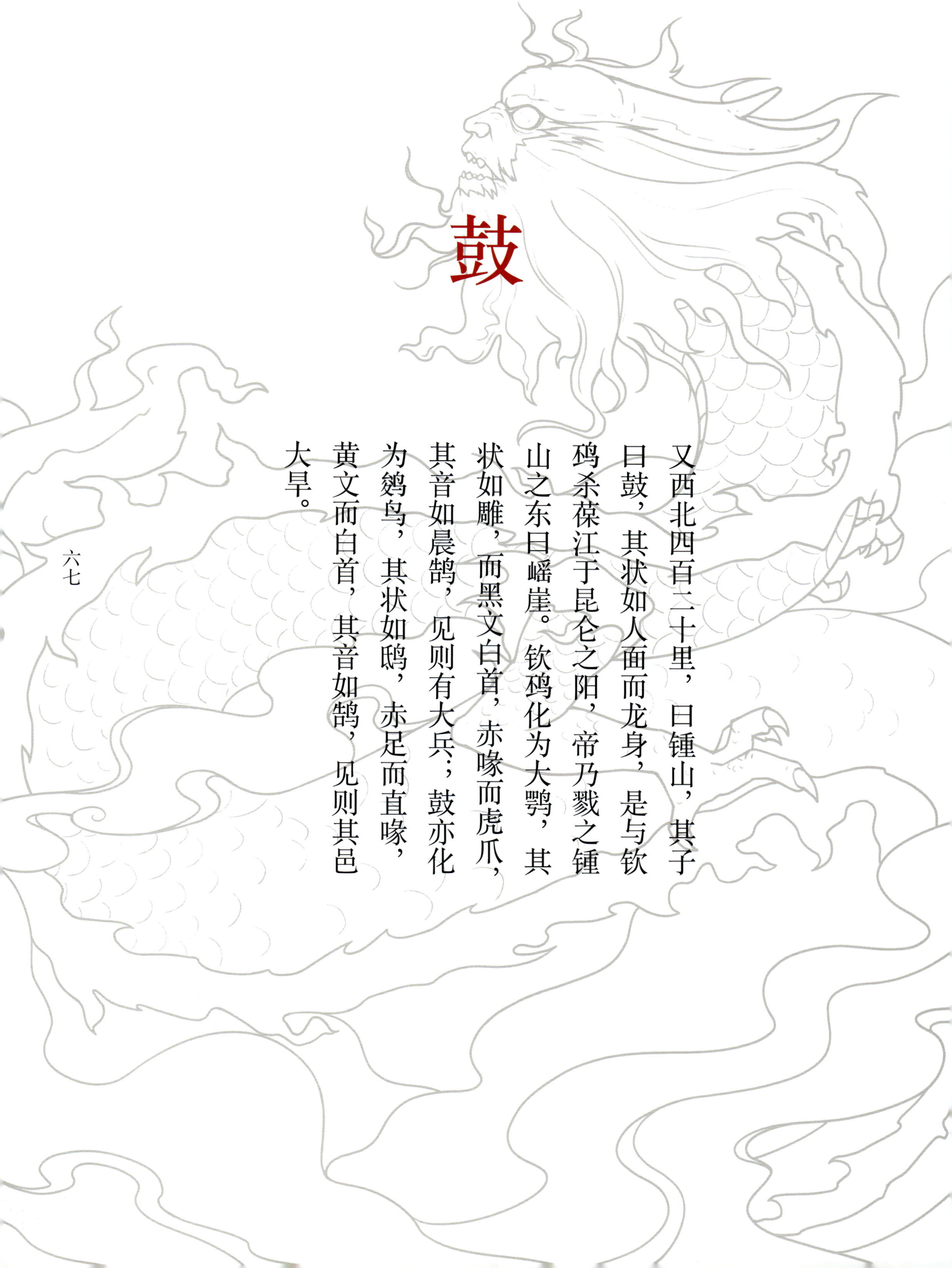

鼓

又西北四百二十里，曰锺山，其子曰鼓，其状如人面而龙身，是与钦䲹杀葆江于昆仑之阳，帝乃戮之锺山之东曰㟥崖。钦䲹化为大鹗，其状如雕，而黑文白首，赤喙而虎爪，其音如晨鹄，见则有大兵；鼓亦化为鵔鸟，其状如鸱，赤足而直喙，黄文而白首，其音如鹄，见则其邑大旱。

文鳐鱼

是多文鳐鱼，状如鲤鱼，鱼身而鸟翼，苍文而白首赤喙，常行西海，游于东海，以夜飞。其音如鸾鸡，其味酸甘，食之已狂，见则天下大穰。

英招

实惟帝之平圃，神英招司之，其状马身而人面，虎文而鸟翼，徇于四海，其音如榴。

陆吾

西南四百里，曰昆仑之丘，实惟帝之下都，神陆吾司之。其神状虎身而九尾，人面而虎爪，是神也，司天之九部及帝之囿时。

土蝼

有兽焉，其状如羊而四角，名曰土蝼，是食人。

钦原

有鸟焉，其状如蜂，大如鸳鸯，名曰钦原，蠚鸟兽则死，蠚木则枯。

西王母

又西三百五十里，曰玉山，是西王母所居也。西王母其状如人，豹尾虎齿而善啸，蓬发戴胜，是司天之厉及五残。

狡

有兽焉，其状如犬而豹文，其角如牛，其名曰狡，其音如吠犬，见则其国在穰。

狰

有兽焉，其状如赤豹，五尾一角，其音如击石，其名曰狰。

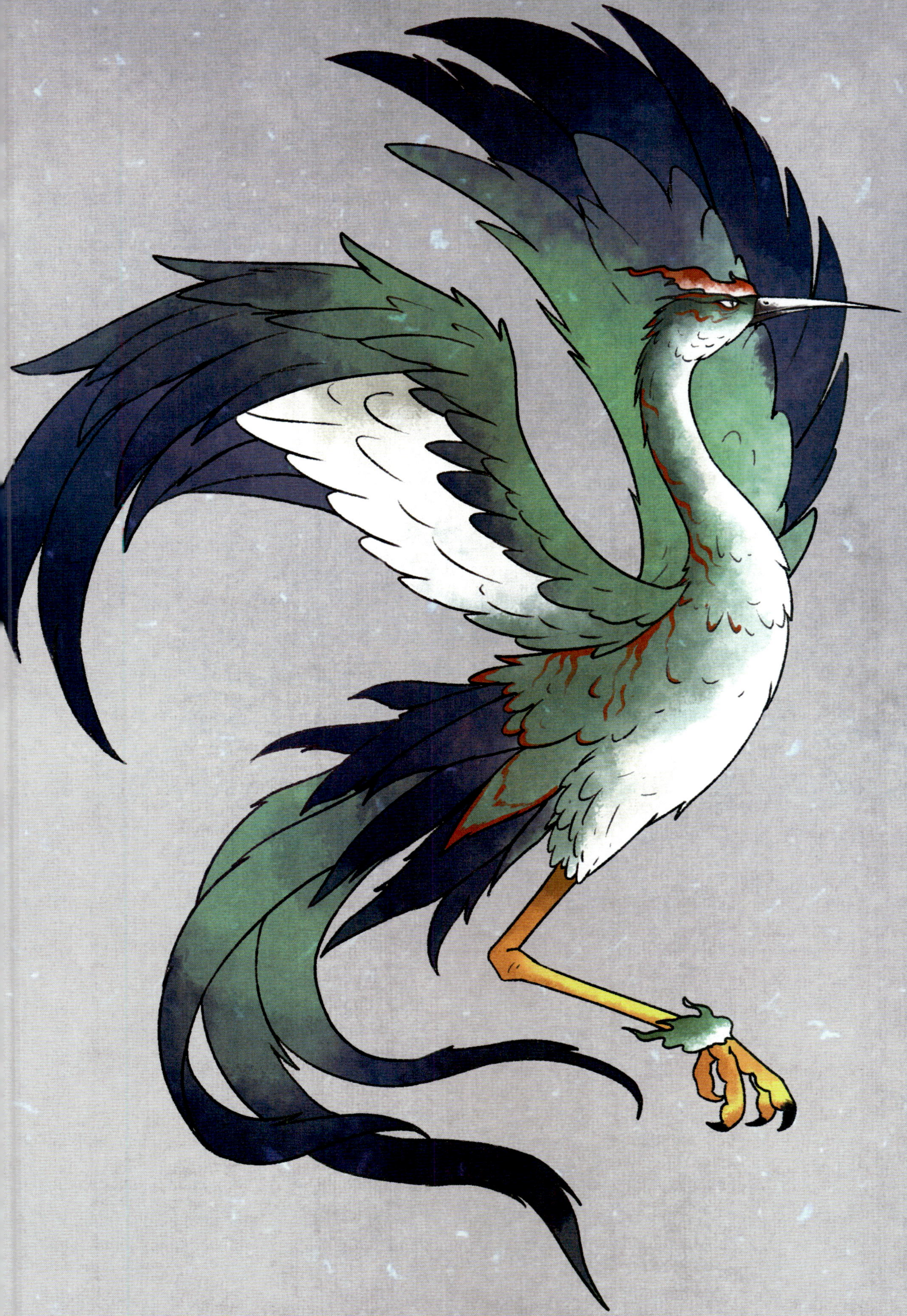

毕方

有鸟焉，其状如鹤，一足，赤文青质而白喙，名曰毕方，其鸣自叫也，见则其邑有讹火。

天狗

有兽焉，其状如狸而白首，名曰天狗，其音如猫猫，可以御凶。

㣜𢓭

其上有兽焉，其状如牛，白身四角，其豪如披蓑，其名曰㣜𢓭，是食人。

鸱

有鸟焉，一首而三身，其状如䳜，其名曰鸱。

帝江

有神焉，其状如黄囊，赤如丹水，六足四翼，浑敦无面目，是识歌舞，实惟帝江也。

讙

有兽焉，其状如狸，一目而三尾，名曰讙，其音如夺百声，是可以御凶，服之已瘅。

鵸鵌

有鸟焉，其状如乌，三首六尾而善笑，名曰鵸鵌，服之使人不厌，又可以御凶。

神䰨

是多神䰨，其状人面兽身，一足一手，其音如钦。

冉遗鱼

是多冉遗之鱼，鱼身蛇首六足，其目如马耳，食之使人不眯，可以御凶。

驳

有兽焉，其状如马，而白身黑尾，一角，虎牙爪，音如鼓，其名曰驳，是食虎豹，可以御兵。

鮆魮鱼

滥水出于其西，西流注于汉水，多鮆魮之鱼，其状如覆铫，鸟首而鱼翼鱼尾，音如磬石之声，是生珠玉。

人面鸮

有鸟焉，其状如鸮而人面，蜼身犬尾，其名自号也，见则其邑大旱。

北山經

儵鱼

彭水出焉，而西流注于芘湖之水，其中多儵鱼，其状如鸡而赤毛，三尾、六足、四目，其音如鹊，食之可以已忧。

何罗鱼

其中多何罗之鱼，一首而十身，其音如吠犬，食之已痈。

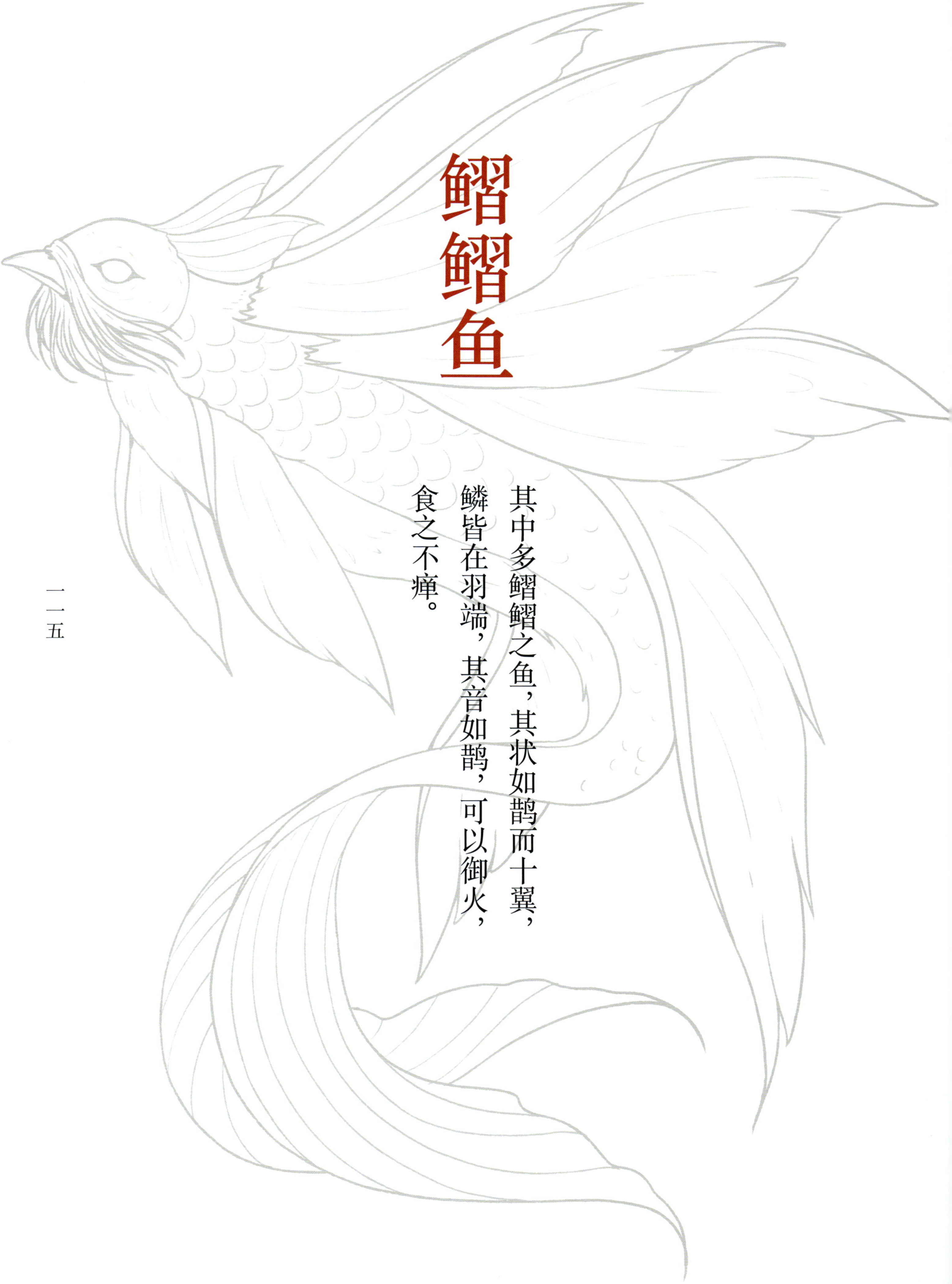

鳛鳛鱼

其中多鳛鳛之鱼，其状如鹊而十翼，鳞皆在羽端，其音如鹊，可以御火，食之不瘅。

诸犍

有兽焉，其状如豹而长尾，人首而牛耳，一目，名曰诸犍，善吒，行则衔其尾，居则蟠其尾。

竦斯

有鸟焉，其状如雌雉而人面，见人则跃，名曰竦斯，其鸣自呼也。

长蛇

有蛇名曰长蛇，其毛如彘豪，其音如鼓柝。

窫窳

有兽焉，其状如牛，而赤身、人面、马足，名曰窫窳，其音如婴儿，是食人。

诸怀

有兽焉，其状如牛，而四角、人目、彘耳，其名曰诸怀，其音如鸣雁，是食人。

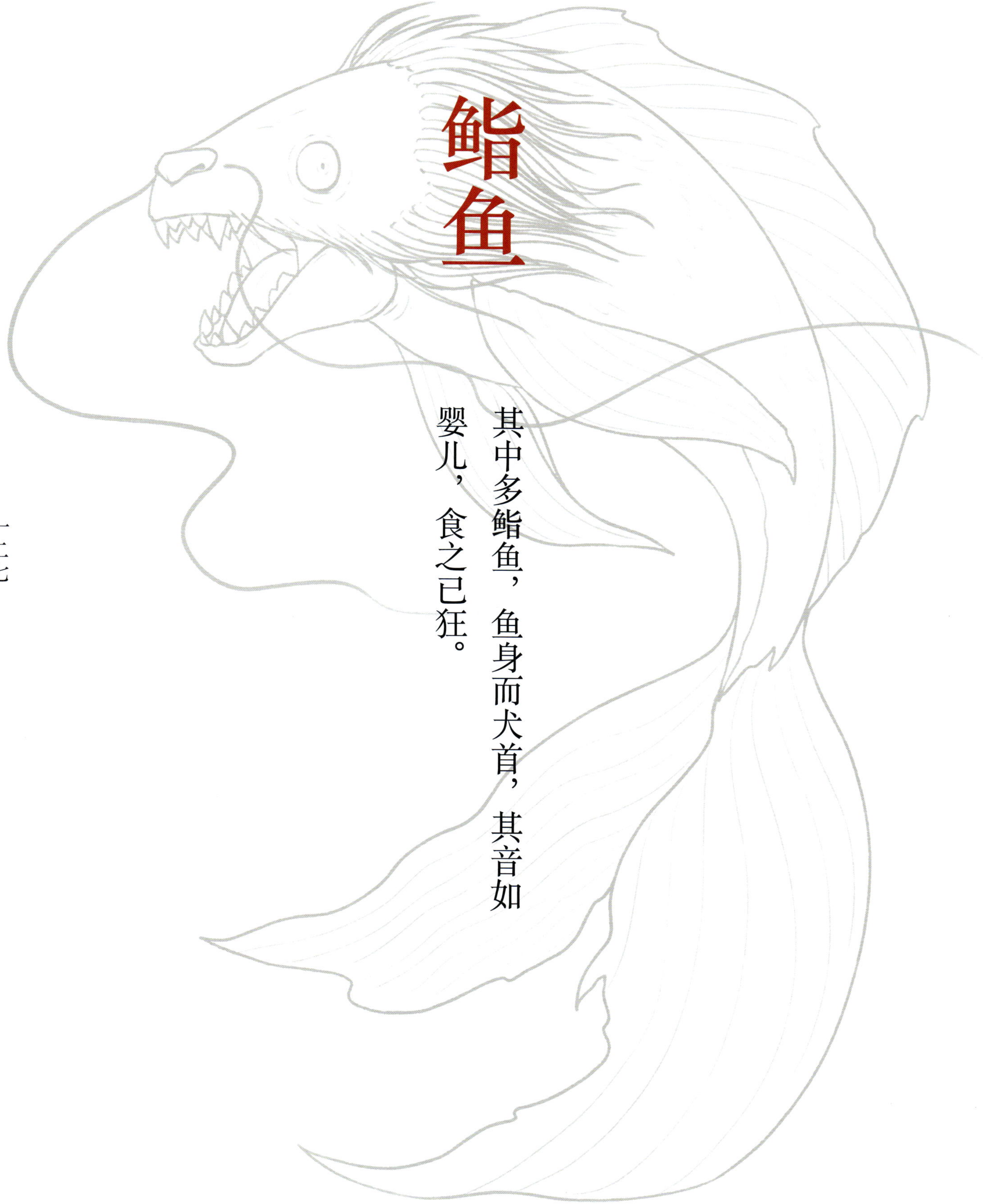

鮨鱼

其中多鮨鱼，鱼身而犬首，其音如婴儿，食之已狂。

肥遗

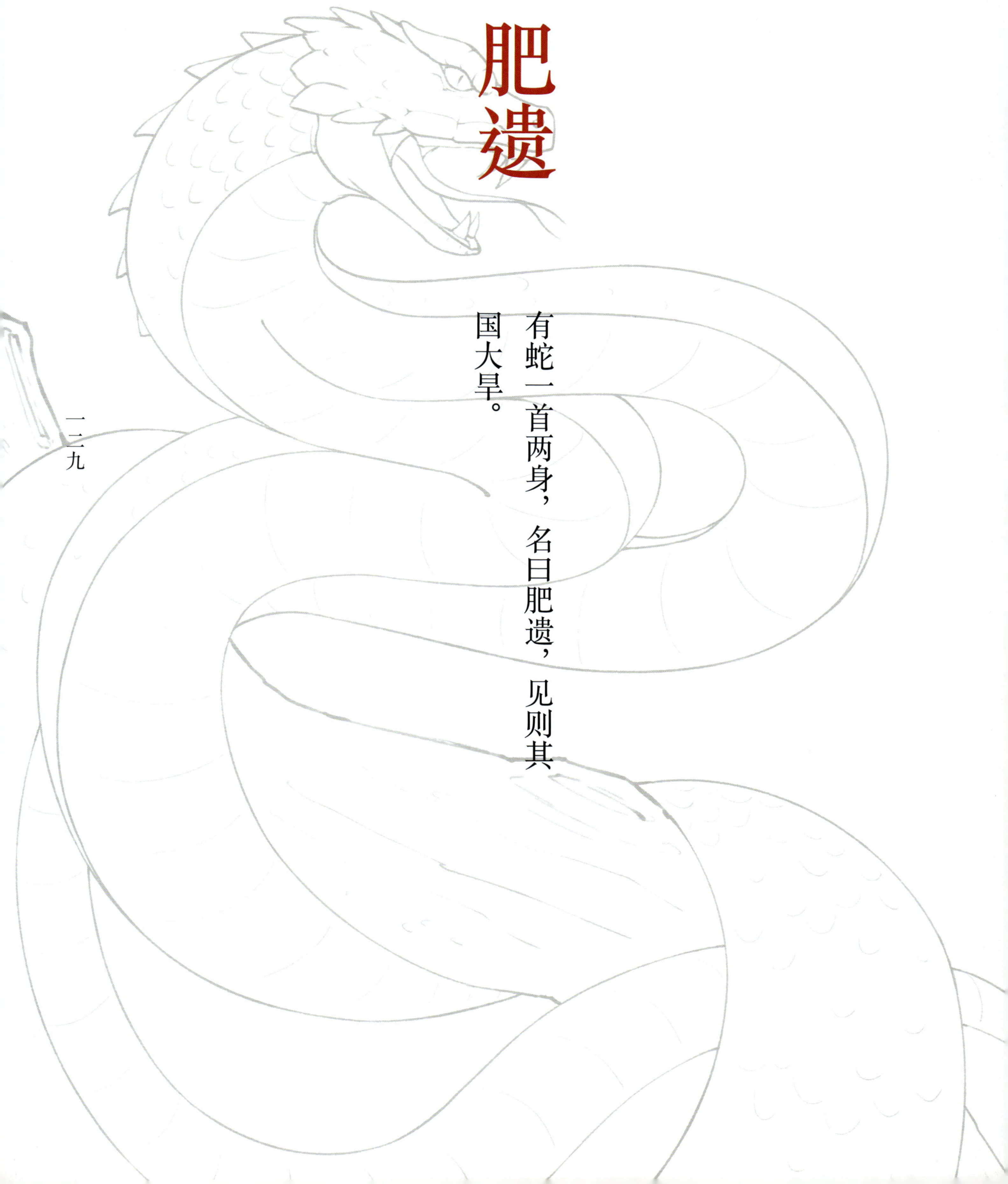

有蛇一首两身，名曰肥遗，见则其国大旱。

狍鸮

有兽焉，其状羊身人面，其目在腋下，虎齿人爪，其音如婴儿，名曰狍鸮，是食人。

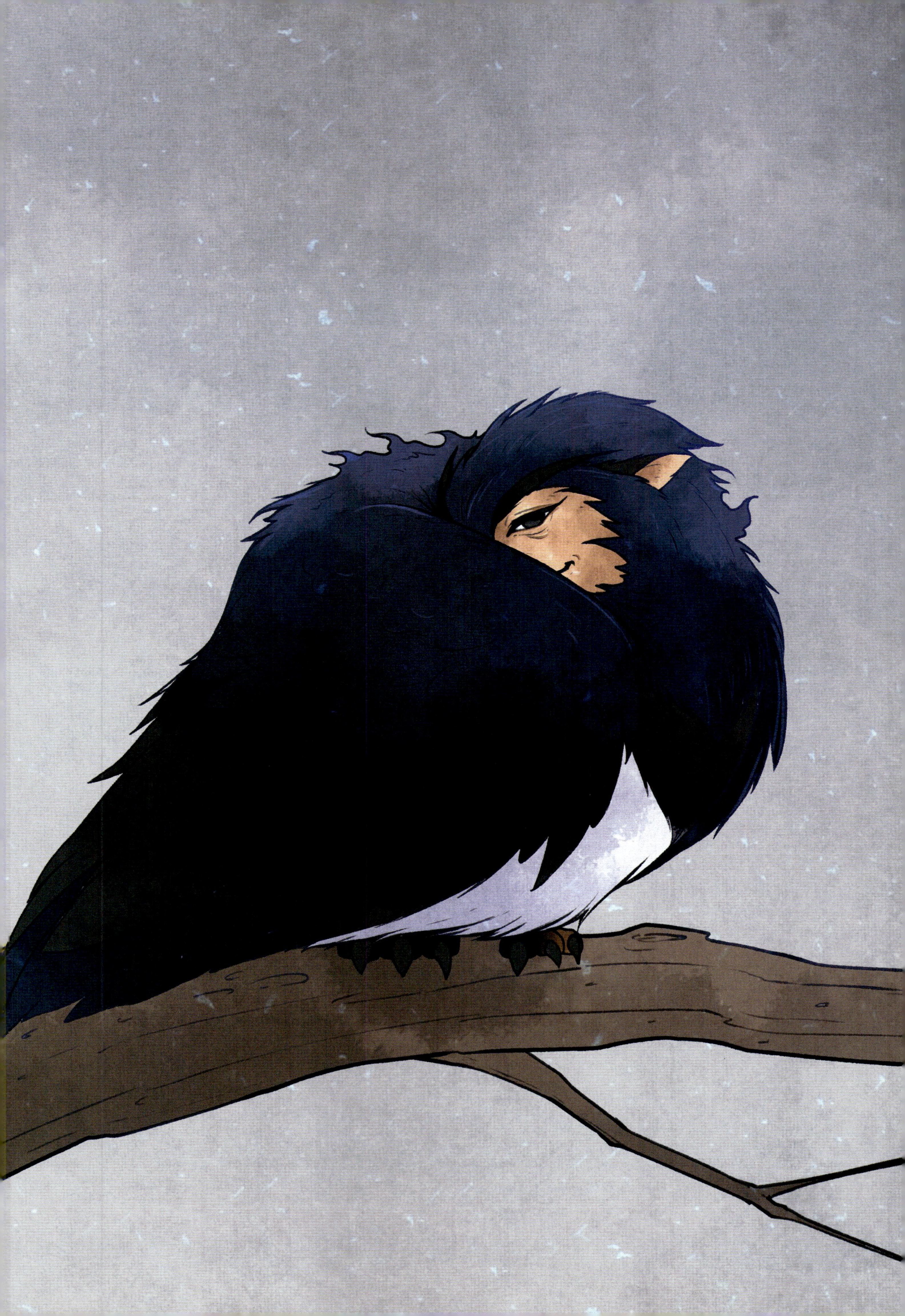

鵥鶥

有鸟焉，其状如乌，人面，名曰鵥鶥，宵飞而昼伏，食之已暍。

嚣

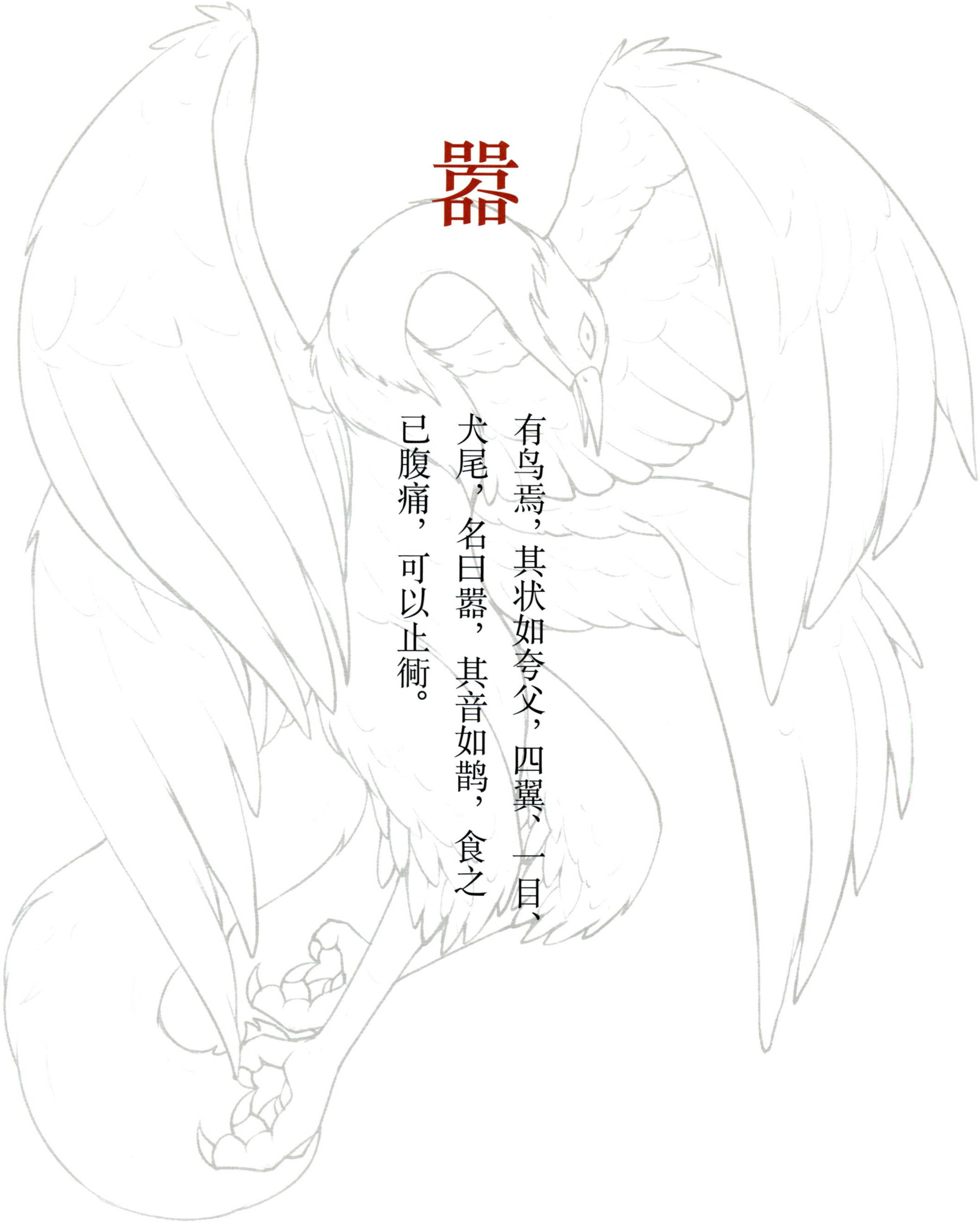

有鸟焉，其状如夸父，四翼、一目、犬尾，名曰嚣，其音如鹊，食之已腹痛，可以止衕。

䮝

有兽焉，其状如麢羊而四角，马尾而有距，其名曰䮝，善还，其名自训。

人鱼

其中多人鱼，其状如䱱鱼，四足，其音如婴儿，食之无痴疾。

酸与

有鸟焉，其状如蛇，而四翼、六目、三足，名曰酸与，其鸣自𫍲，见则其邑有恐。

黄鸟

有鸟焉，其状如枭而白首，其名曰黄鸟，其鸣自詨，食之不妒。

精卫

有鸟焉，其状如乌，文首、白喙、赤足，名曰精卫，其鸣自詨。是炎帝之少女名曰女娃。女娃游于东海，溺而不返，故为精卫，常衔西山之木石，以堙于东海。

䍶䍶

有兽焉，其状如羊，一角一目，目在耳后，其名曰䍶䍶，其鸣自詨。

東山經

从从

有兽焉，其状如犬，六足，其名曰从从，其鸣自𫍲。

儵鳙

末涂之水出焉，而东南流注于沔，其中多儵鳙，其状如黄蛇，鱼翼，出入有光，见则其邑大旱。

珠蟞鱼

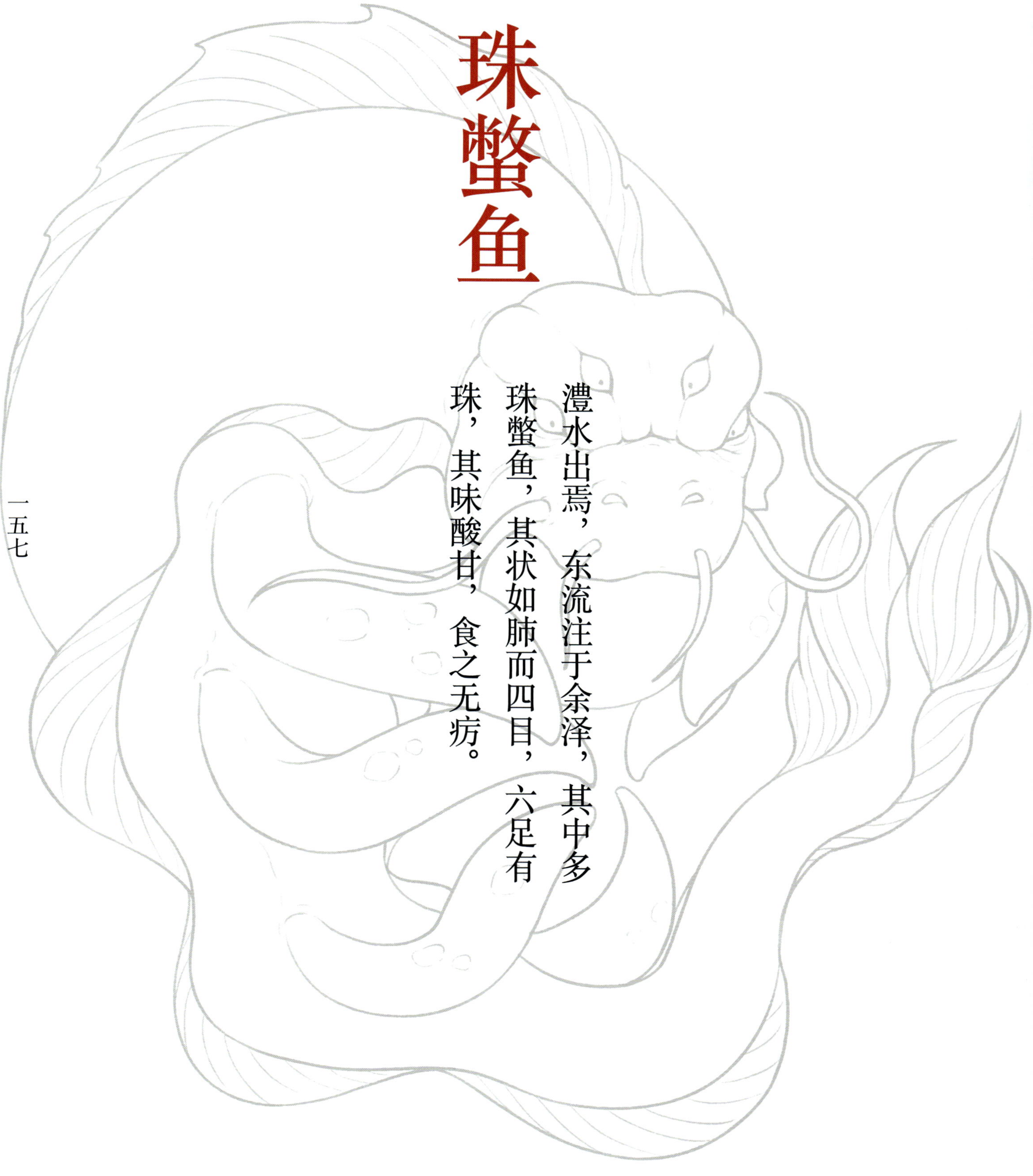

澧水出焉，东流注于余泽，其中多珠蟞鱼，其状如肺而四目，六足有珠，其味酸甘，食之无疠。

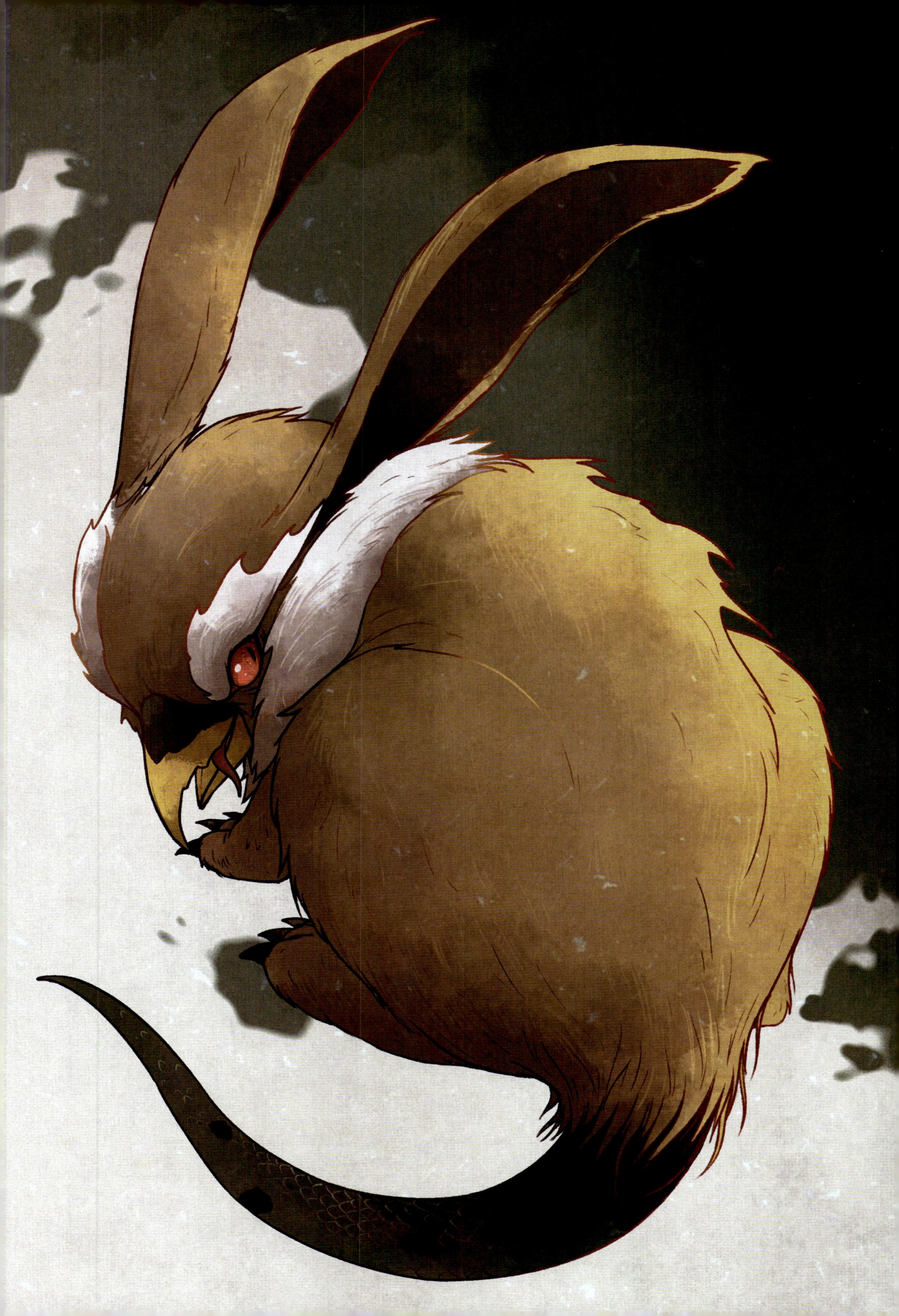

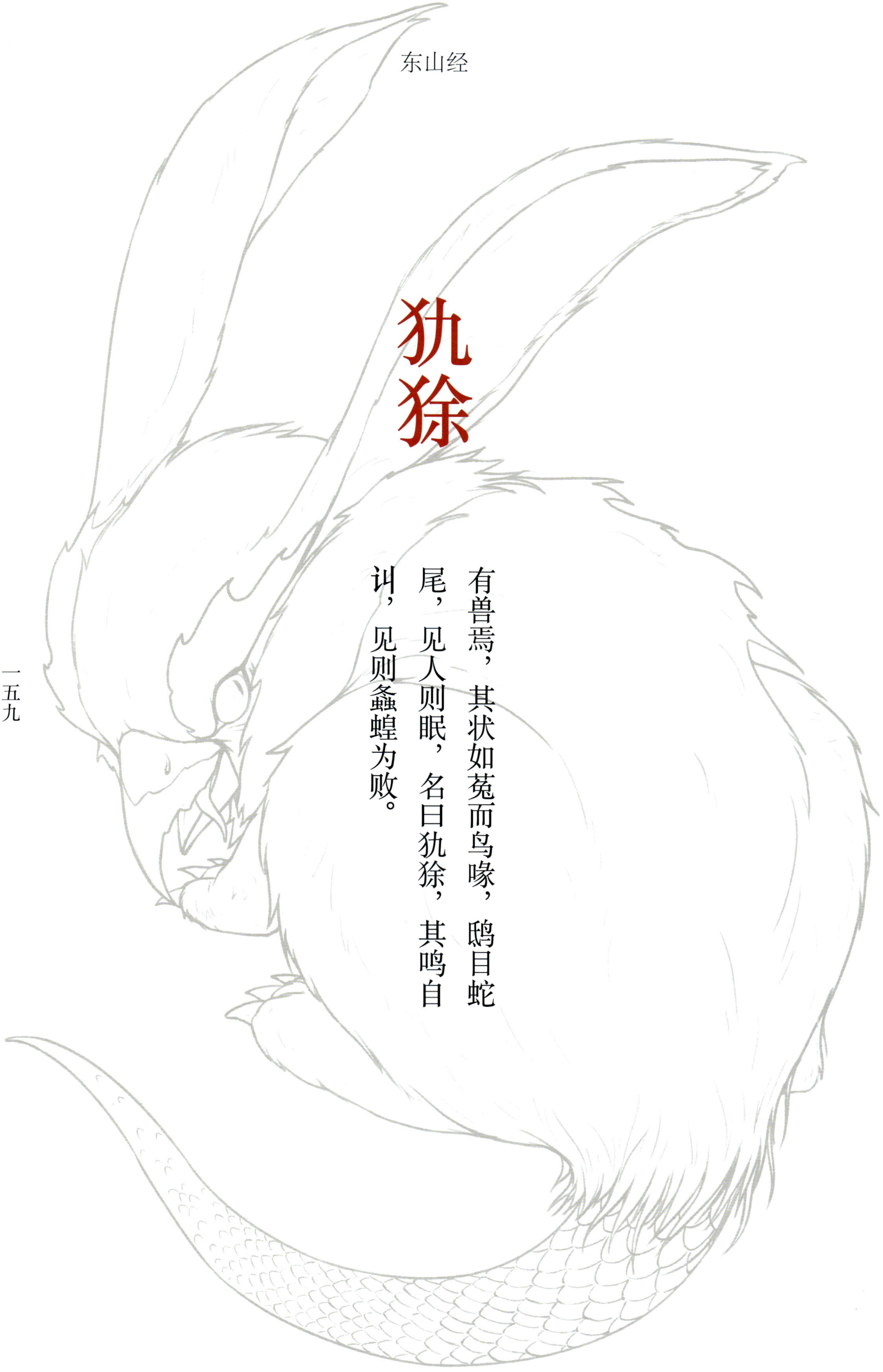

犰狳

有兽焉，其状如菟而鸟喙，鸱目蛇尾，见人则眠，名曰犰狳，其鸣自𫍲，见则螽蝗为败。

朱獳

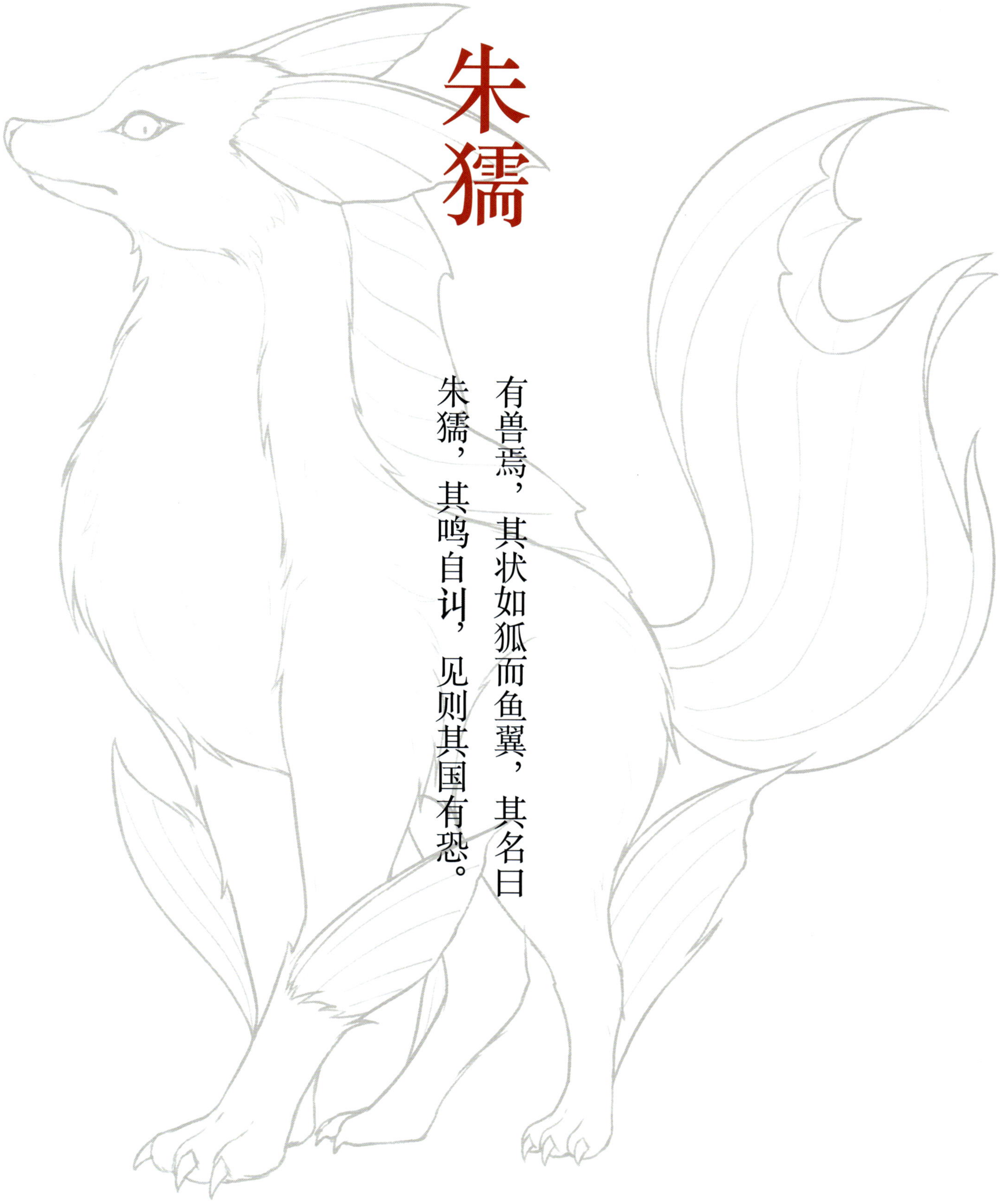

有兽焉，其状如狐而鱼翼，其名曰朱獳，其鸣自訆，见则其国有恐。

蠪蛭

有兽焉，其状如狐，而九尾、九首、虎爪，名曰蠪蛭，其音如婴儿，是食人。

鮯鮯鱼

有鱼焉，其状如鲤，而六足鸟尾，名曰鮯鮯之鱼，其鸣自训。

鳐鱼

其中多鳐鱼，其状如鱼而鸟翼，出入有光，其音如鸳鸯，见则天下大旱。

蜚

有兽焉，其状如牛而白首，一目而蛇尾，其名曰蜚，行水则竭，行草则死，见则天下大疫。

中山經

鸣蛇

其中多鸣蛇，其状如蛇而四翼，其音如磬，见则其邑大旱。

化蛇

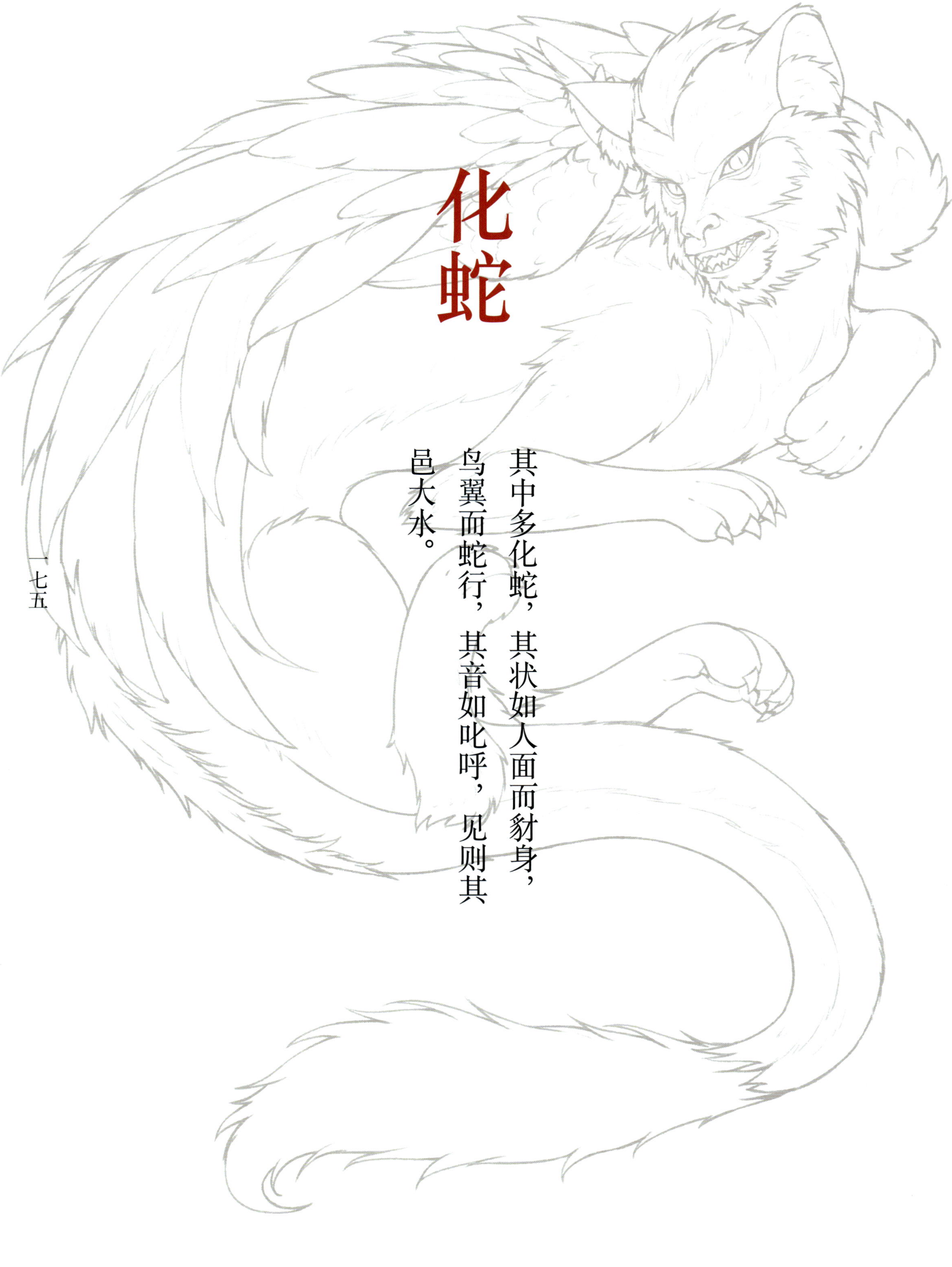

其中多化蛇，其状如人面而豺身，鸟翼而蛇行，其音如叱呼，见则其邑大水。

马腹

有兽焉，其名曰马腹，其状如人而虎身，其音如婴儿，是食人。

夫诸

有兽焉，其状如白鹿而四角，名曰夫诸，见则其邑大水。

武罗

魋武罗司之，其状人面而豹文，小要而白齿，而穿耳以鐻，其鸣如鸣玉。

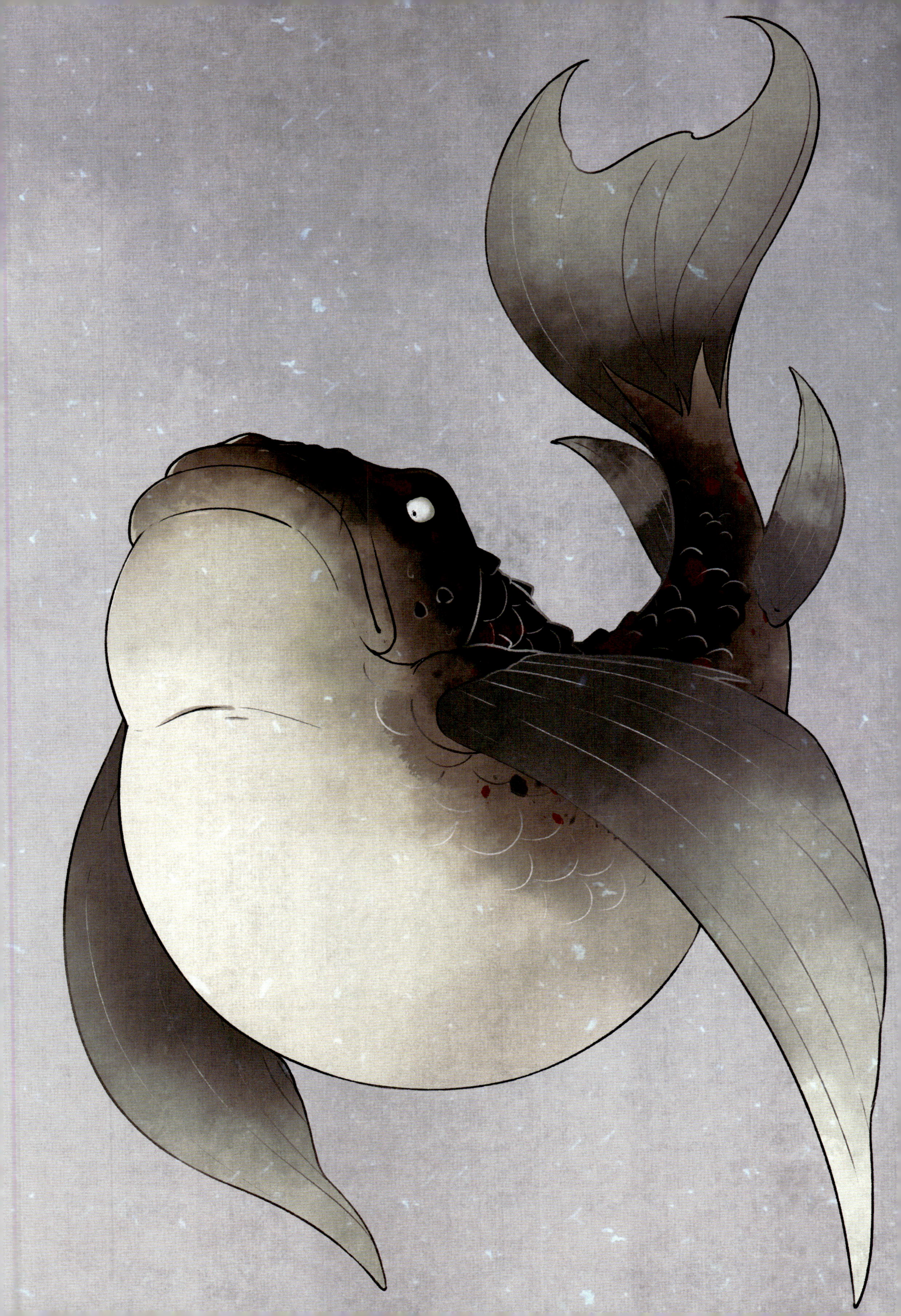

飞鱼

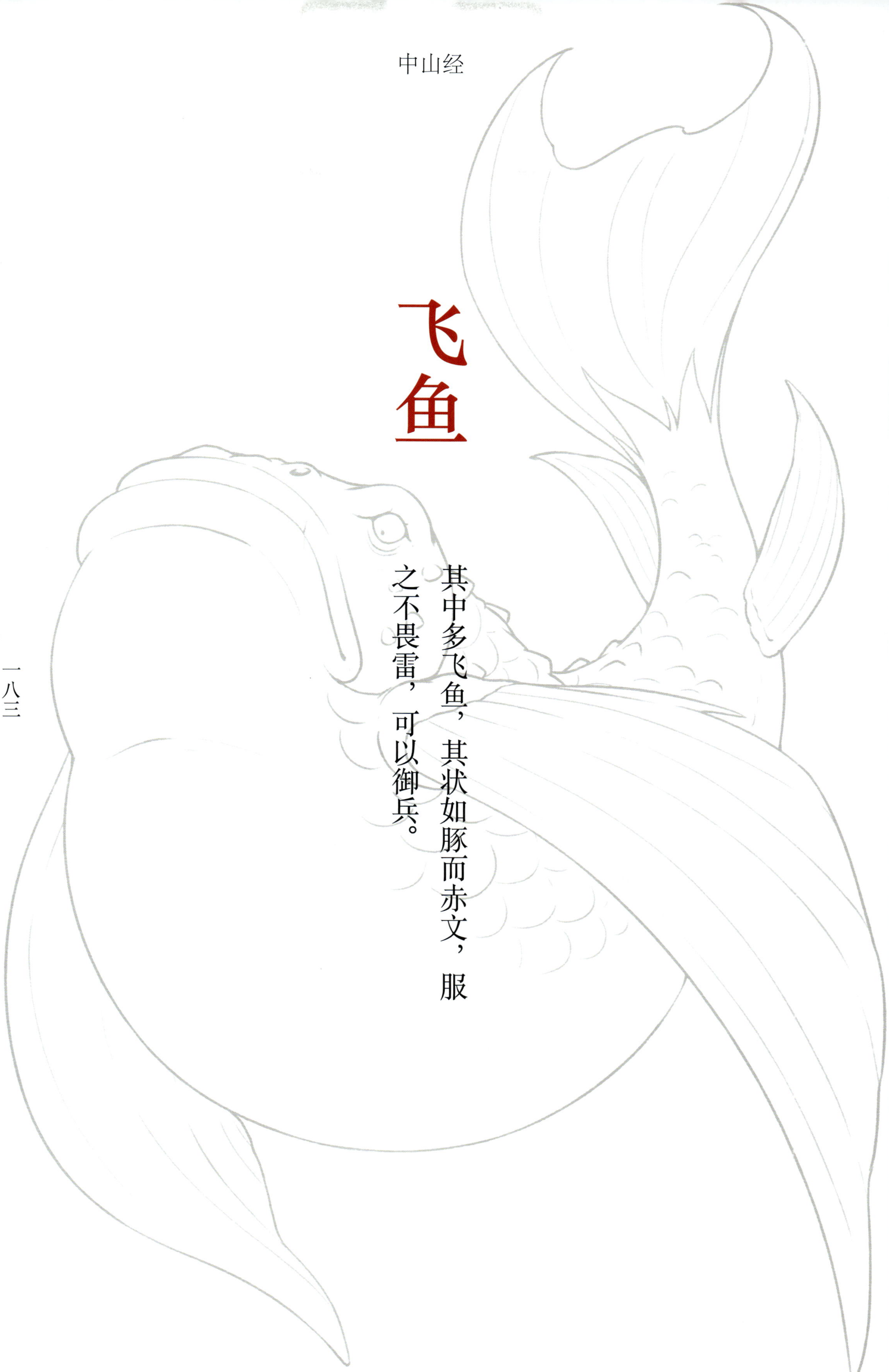

其中多飞鱼，其状如豚而赤文，服之不畏雷，可以御兵。

泰逢

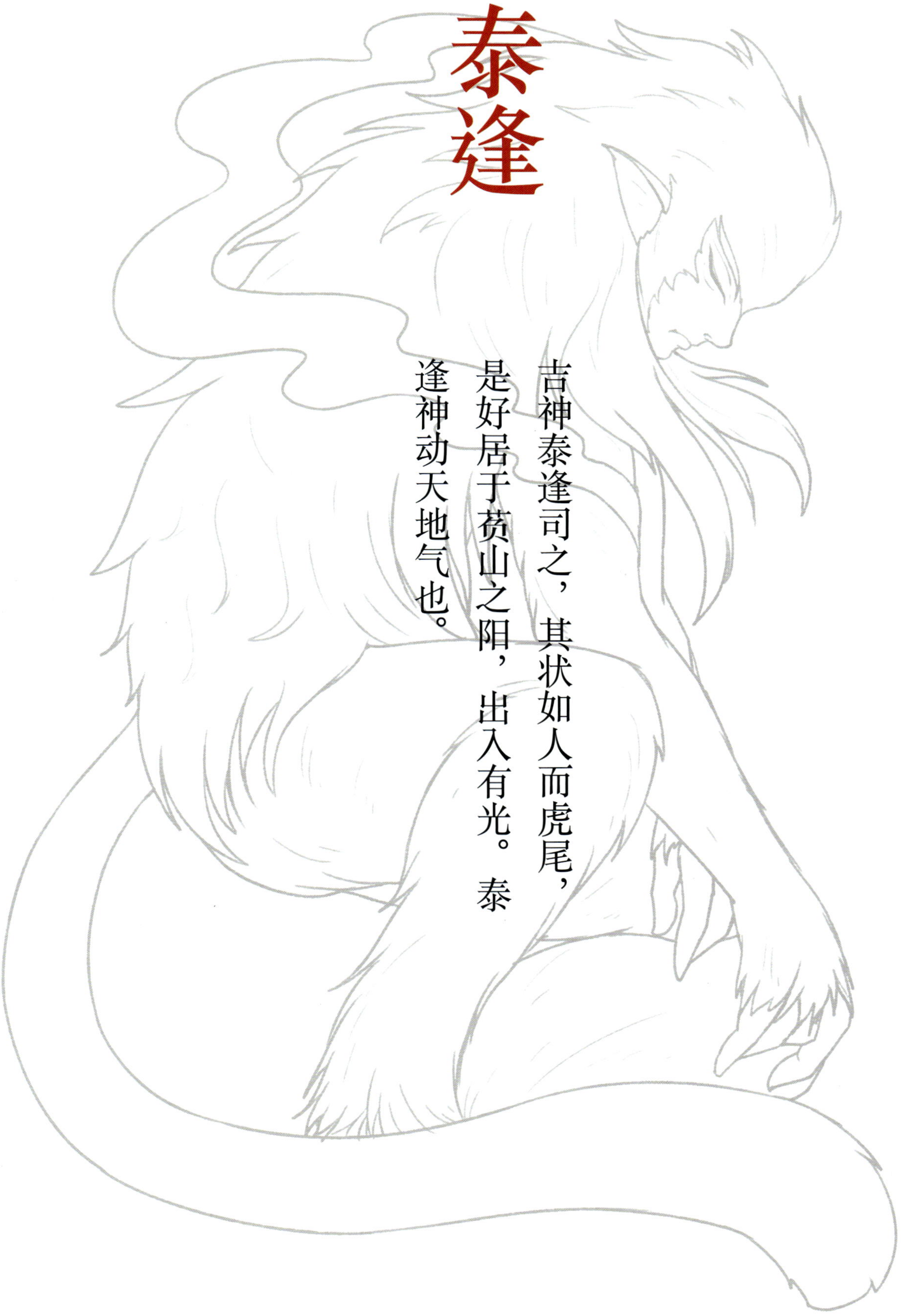

吉神泰逢司之，其状如人而虎尾，是好居于萯山之阳，出入有光。泰逢神动天地气也。

獭

有兽焉，名曰獭，其状如獳犬而有鳞，其毛如彘鬣。

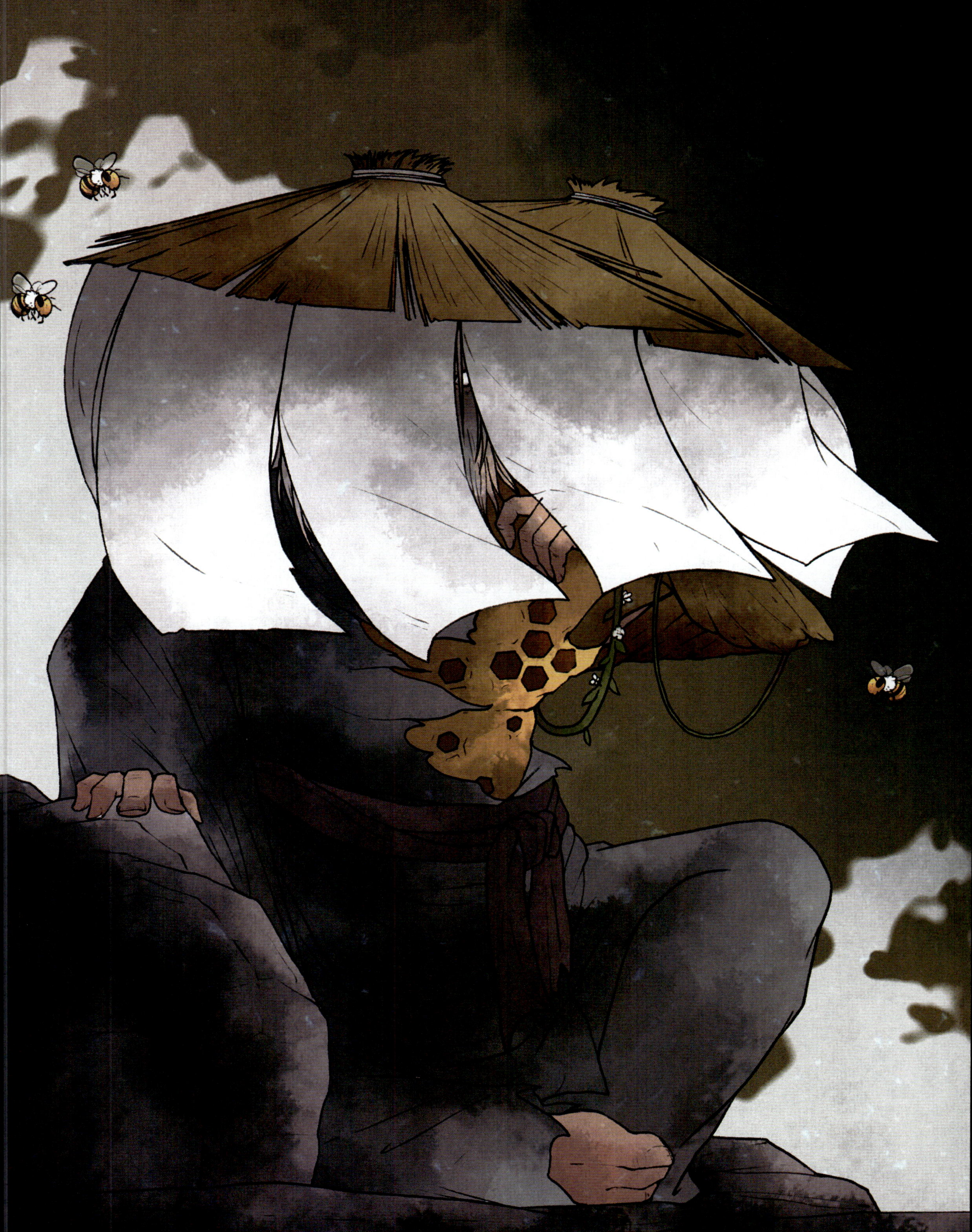

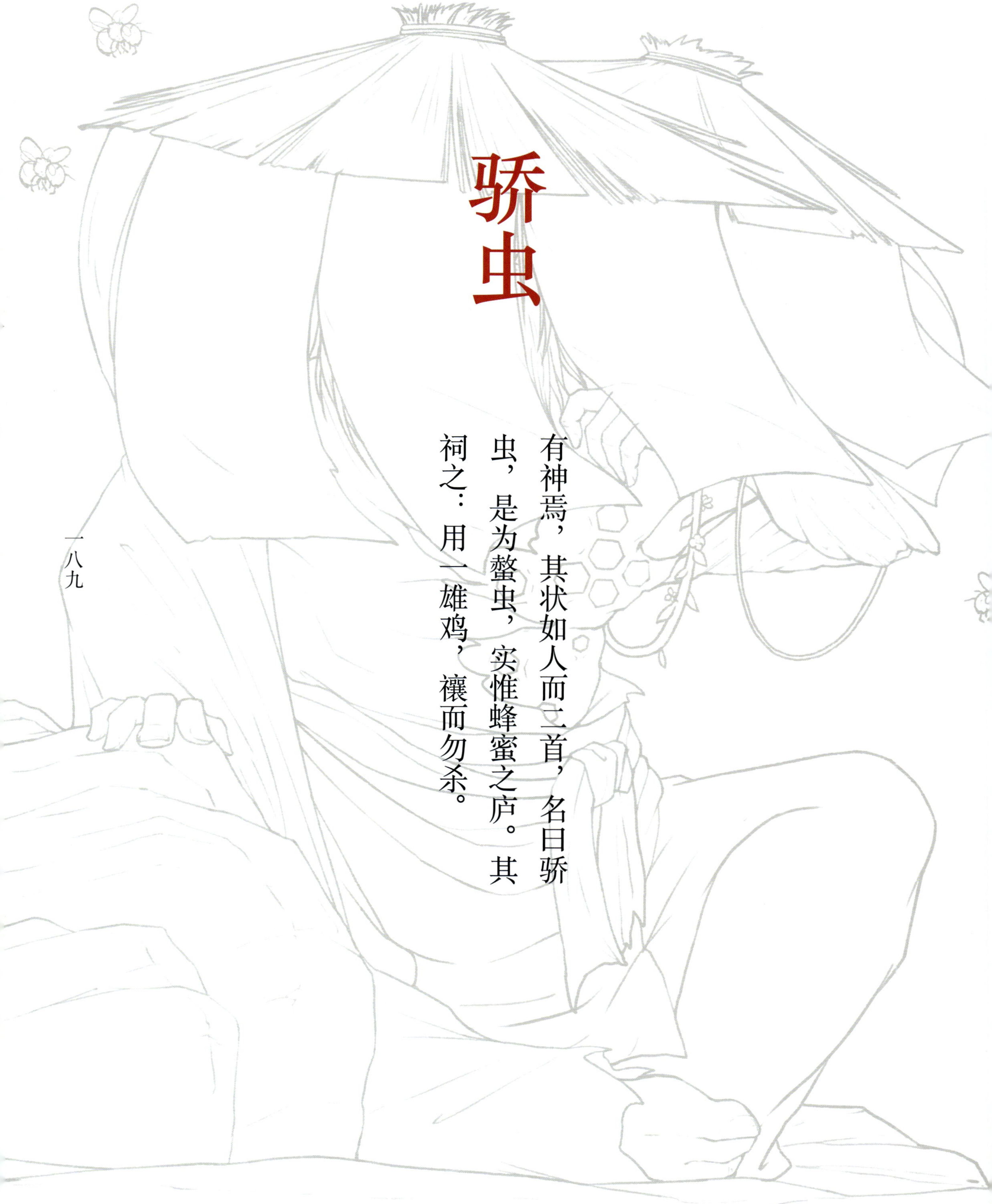

骄虫

有神焉，其状如人而二首，名曰骄虫，是为螫虫，实惟蜂蜜之庐。其祠之：用一雄鸡，禳而勿杀。

三足龟

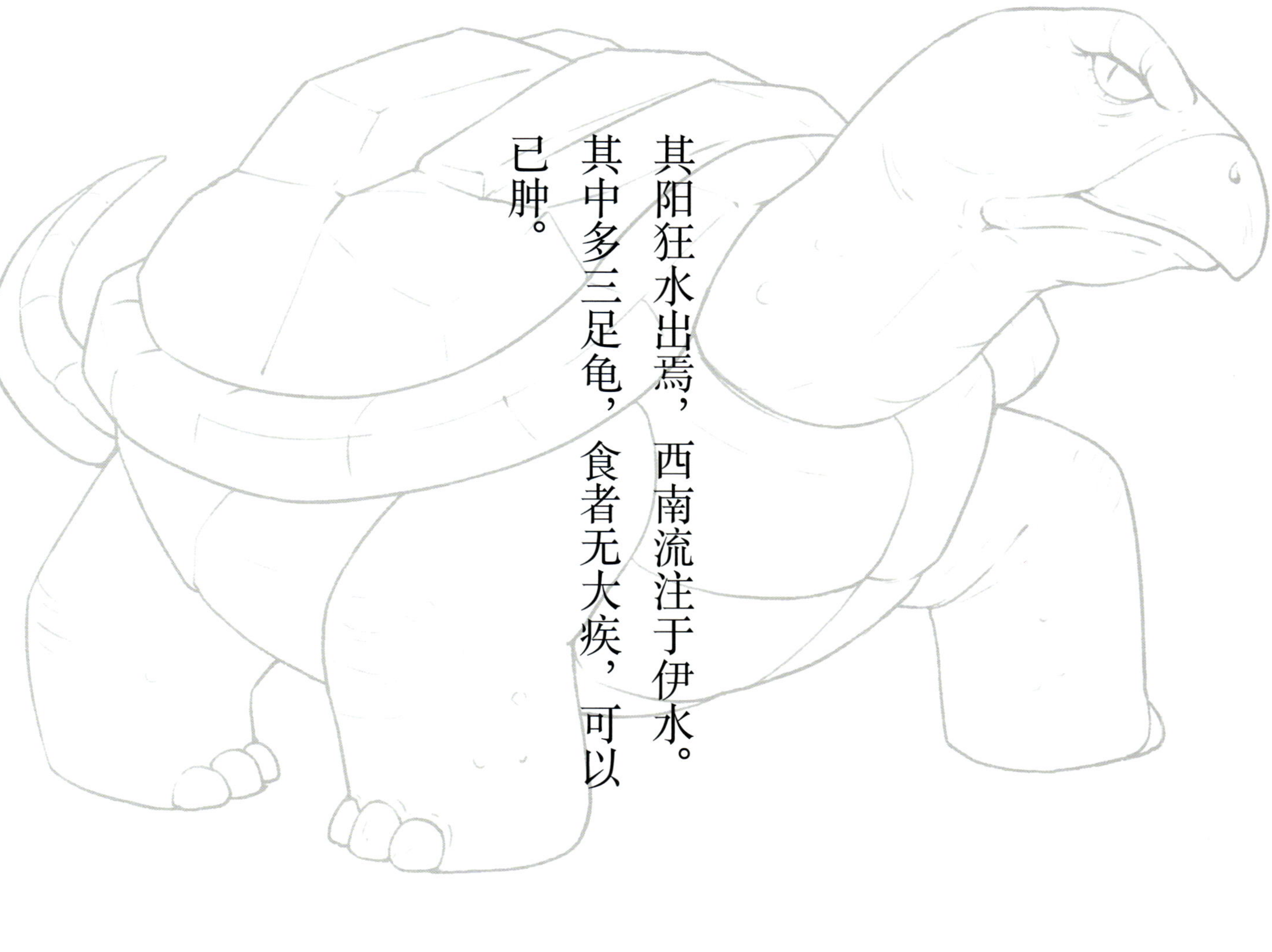

其阳狂水出焉，西南流注于伊水。其中多三足龟，食者无大疾，可以已肿。

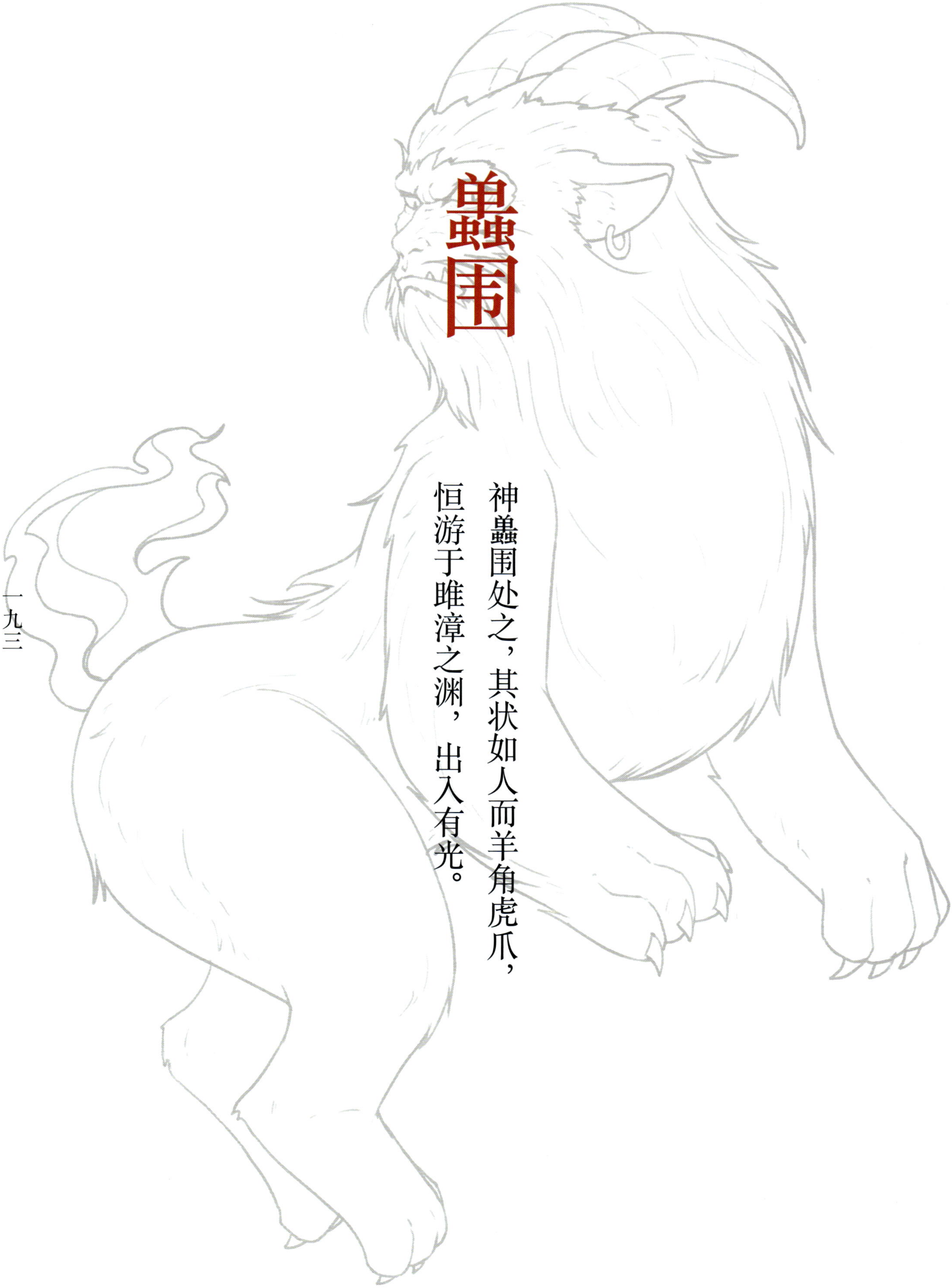

蟲围

神蟲围处之，其状如人而羊角虎爪，恒游于雎漳之渊，出入有光。

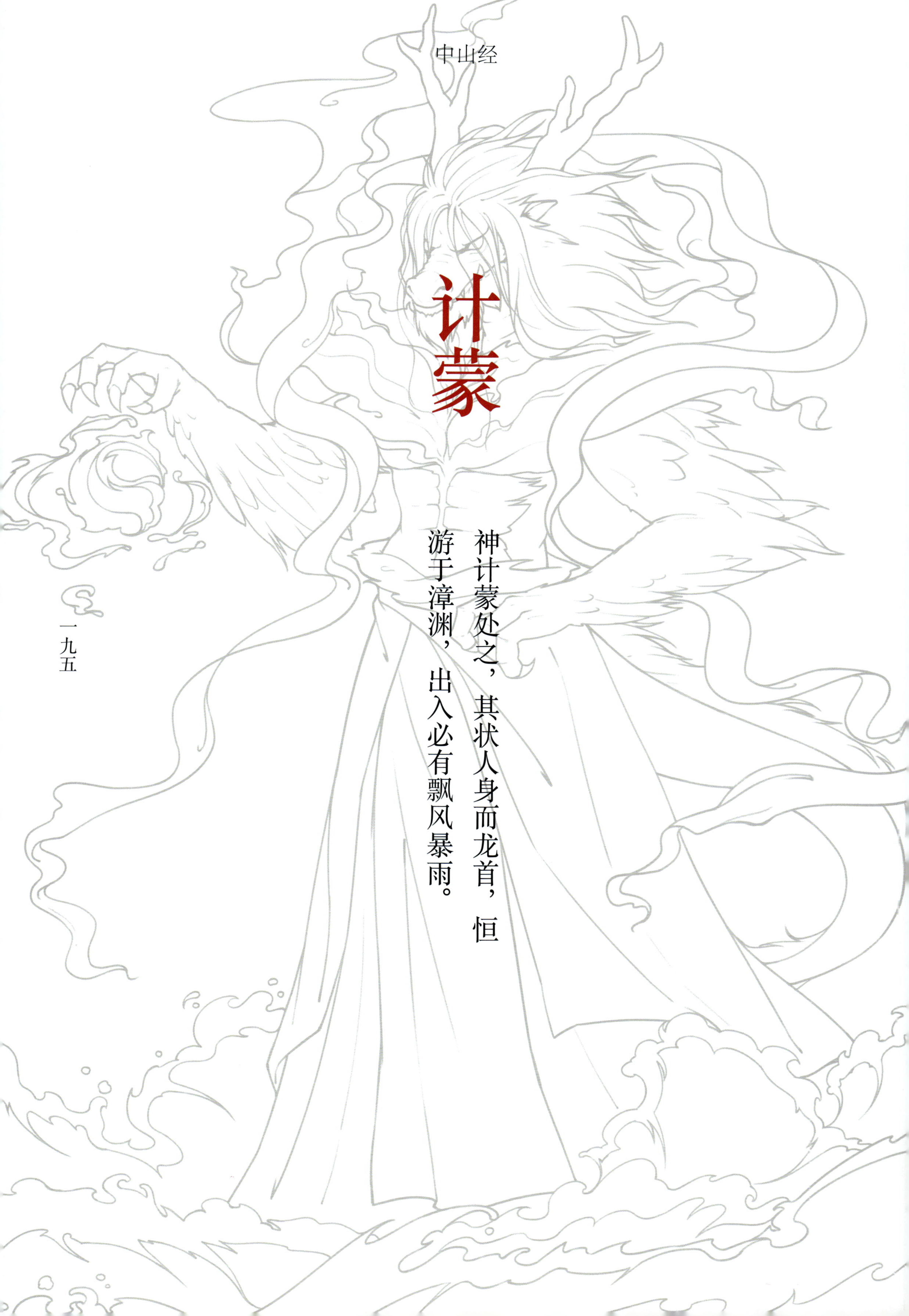

计蒙

神计蒙处之，其状人身而龙首，恒游于漳渊，出入必有飘风暴雨。

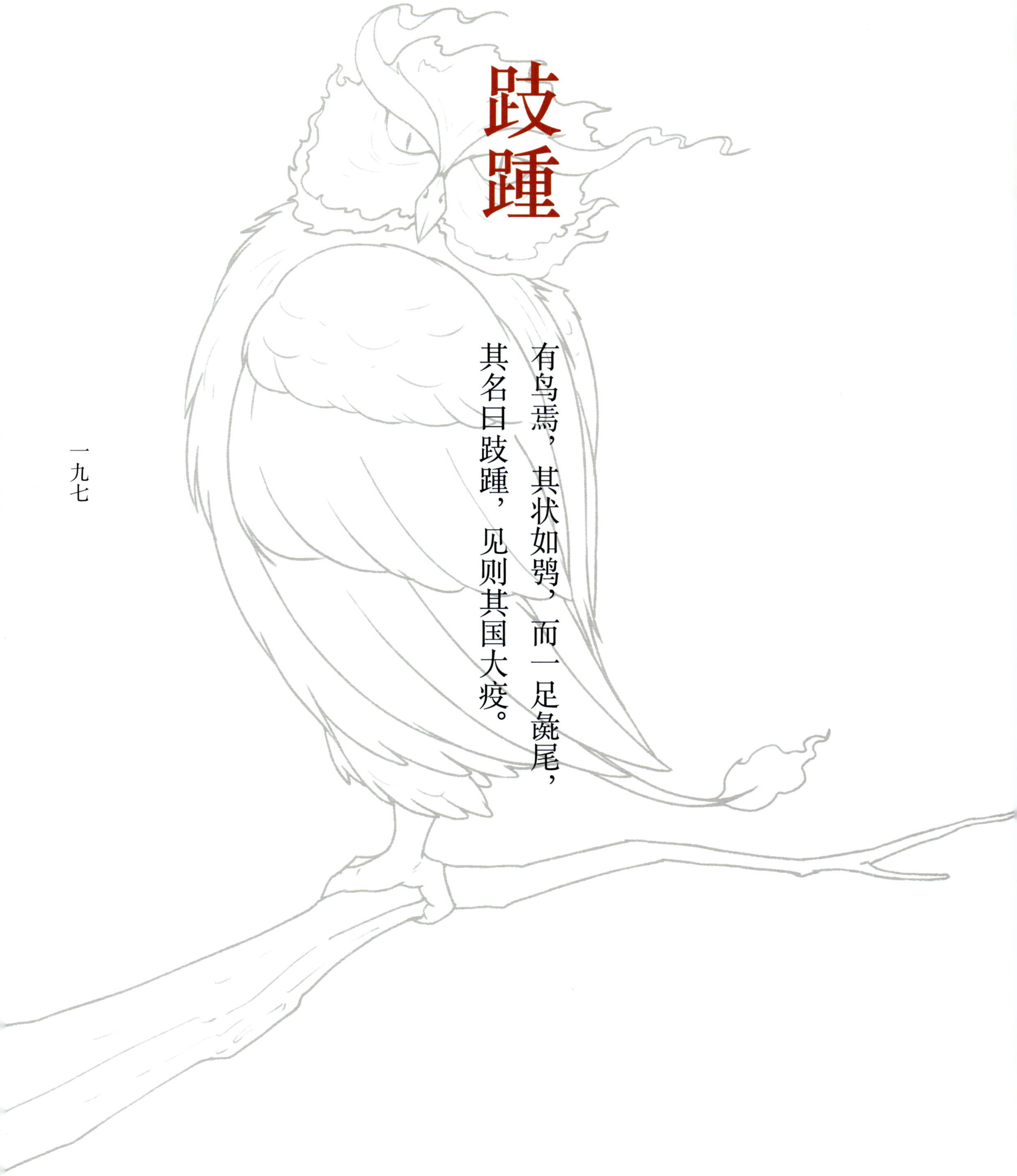

跂踵

有鸟焉，其状如鸮，而一足彘尾，其名曰跂踵，见则其国大疫。

于兒

神于兒居之，其状人身而手操两蛇，
常游于江渊，出入有光。

帝之二女

帝之二女居之，是常游于江渊，澧沅之风，交潇湘之渊。是在九江之间，出入必以飘风暴雨。

海外南經

羽民国

羽民国在其东南，其为人长头，身生羽。一日在比翼鸟东南，其为人长颊。

讙头国

讙头国在其南，其为人人面有翼，鸟喙，方捕鱼。一曰在毕方东。或曰讙朱国。

厌火国

厌火国在其国南，兽身黑色，火出其口中。一曰在讙朱东。

贯匈国

贯匈国在其东，其为人匈有窍。一曰在载国东。

三首国

三首国在其东，其为人一身三首。一日在凿齿东。

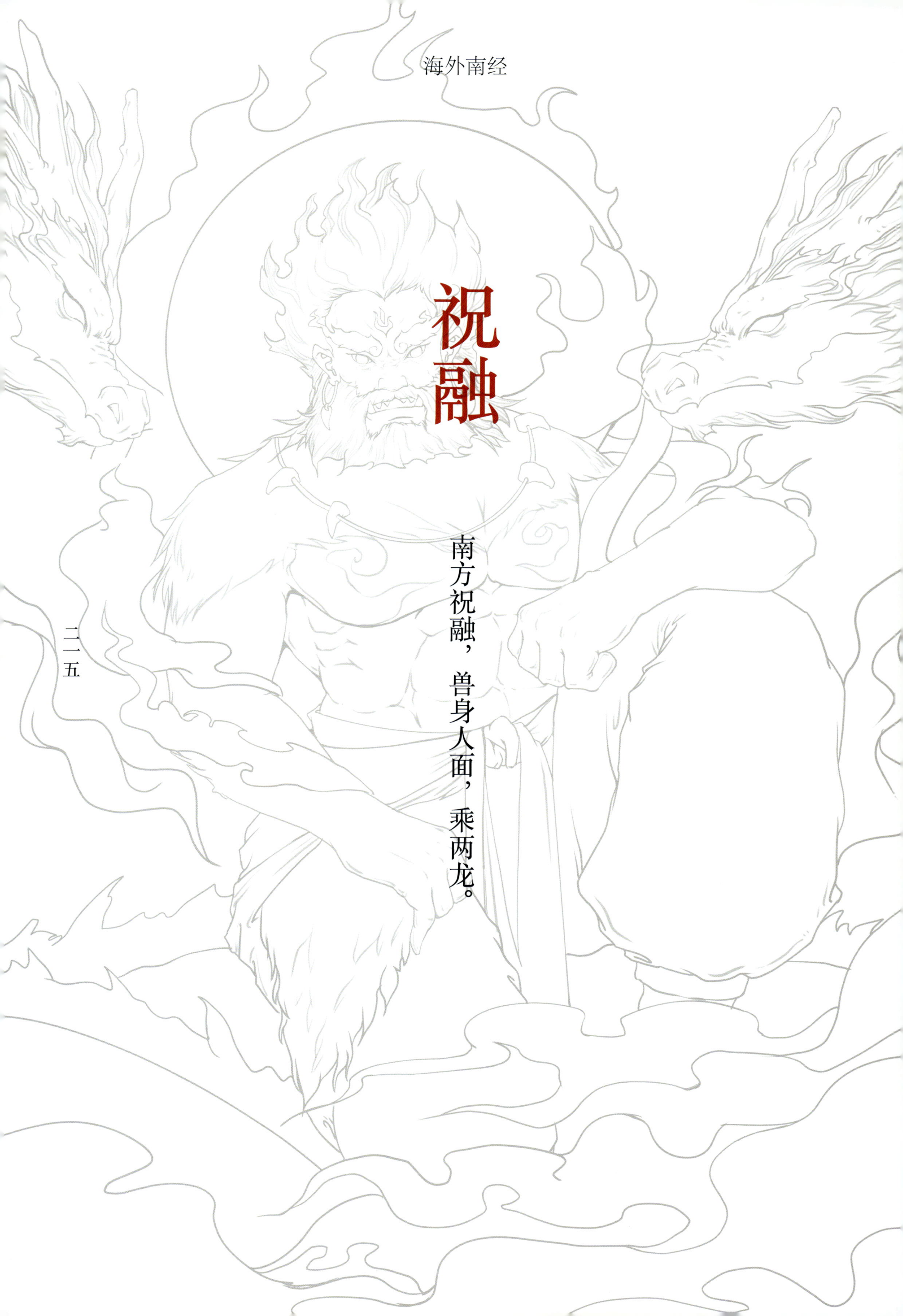

祝融

南方祝融，兽身人面，乘两龙。

海外西經

夏后启

大乐之野，夏后启于此儛《九代》，乘两龙，云盖三层。左手操翳，右手操环，佩玉璜。在大运山北。一曰大遗之野。

三身国

三身国在夏后启北，一首而三身。

一臂国

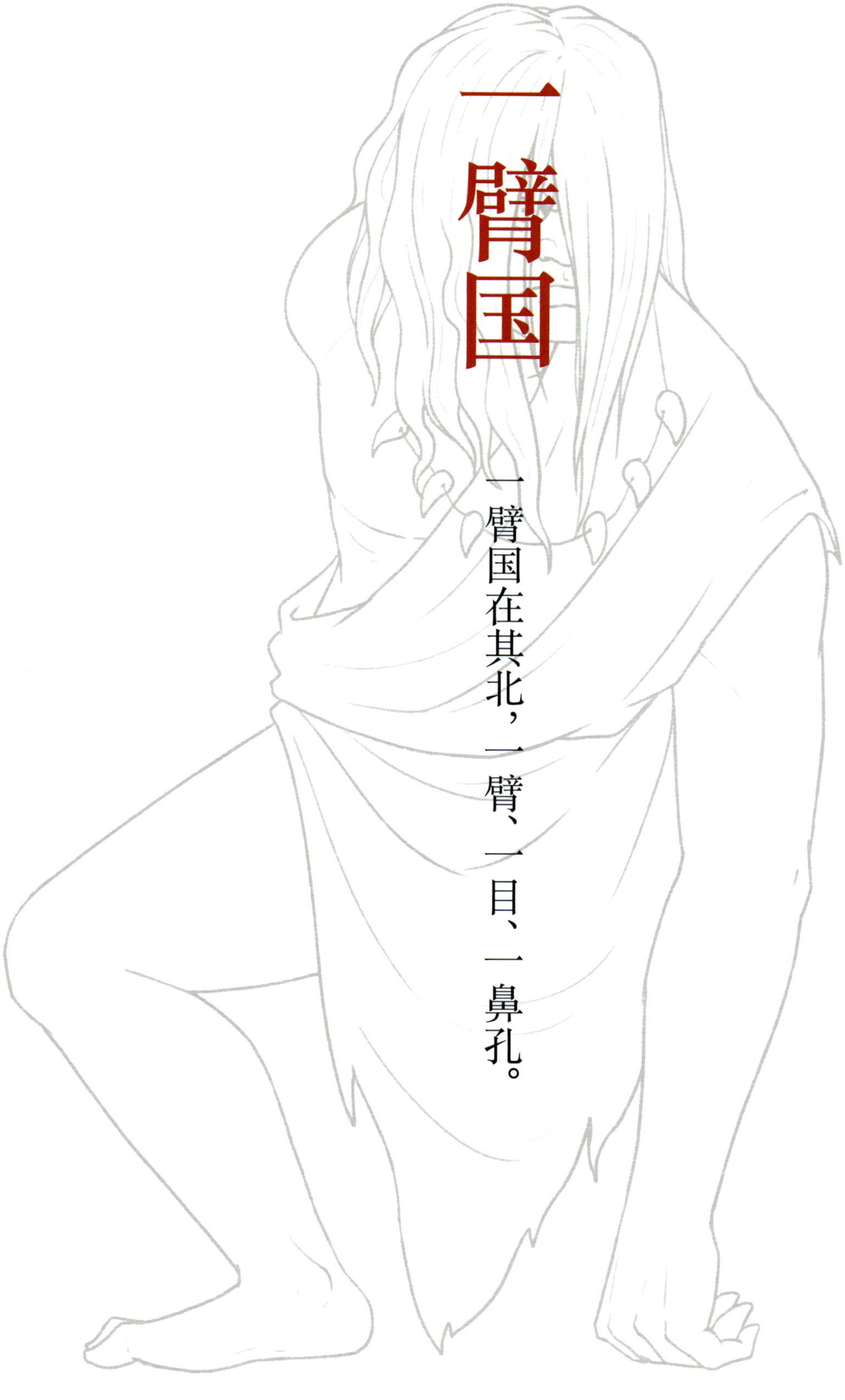

一臂国在其北，一臂、一目、一鼻孔。

奇肱国

奇肱之国在其北，其人一臂三目，有阴有阳，乘文马。

刑天

刑天与帝争神，帝断其首，葬之常羊之山。乃以乳为目，以脐为口，操干戚以舞。

并封

并封在巫咸东，其状如彘，前后皆有首，黑。

乘黄

白民之国在龙鱼北，白身被发。有乘黄，其状如狐，其背上有角，乘之寿二千岁。

蓐收

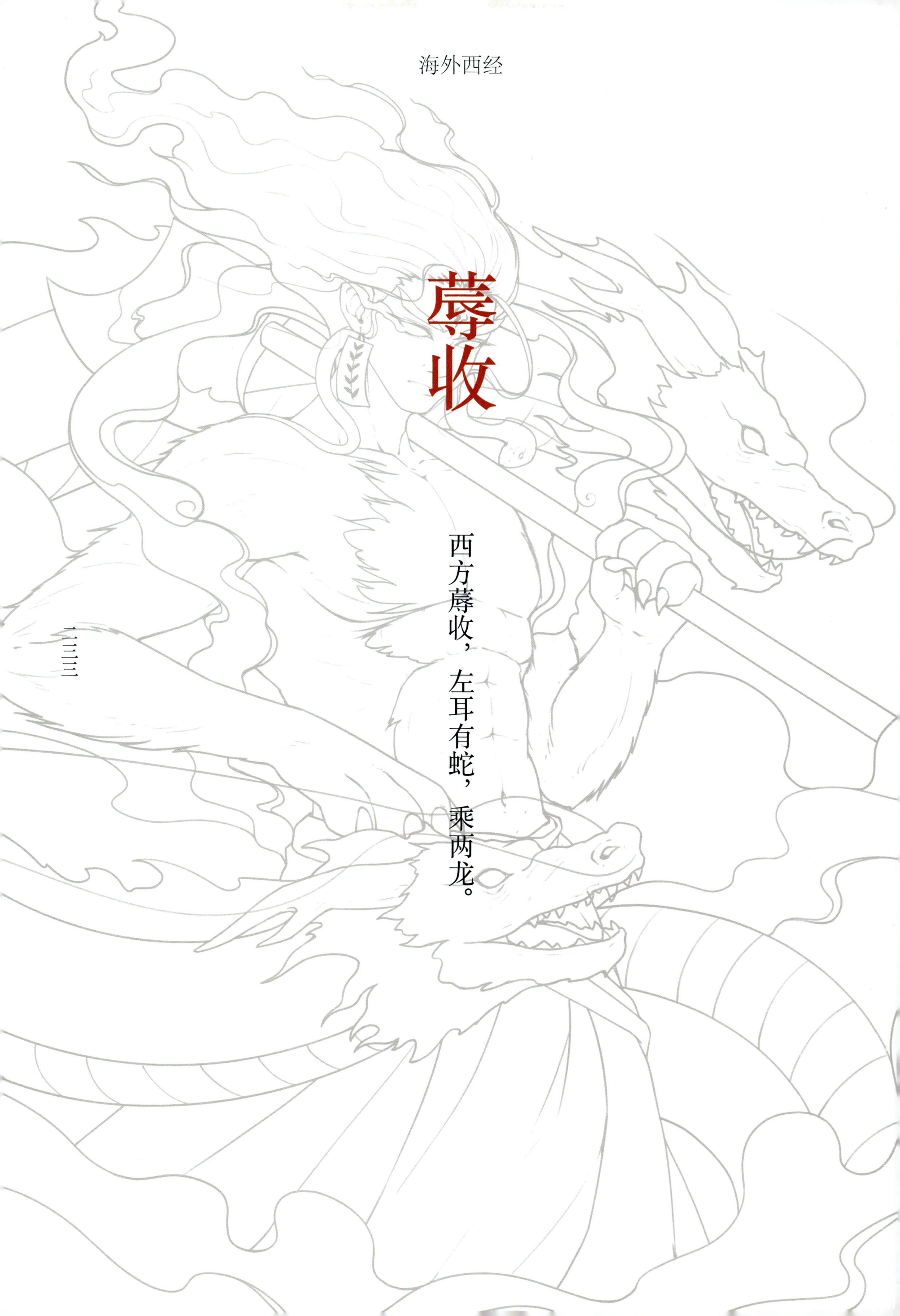

西方蓐收，左耳有蛇，乘两龙。

海外北經

烛阴

锺山之神，名曰烛阴，视为昼，瞑为夜，吹为冬，呼为夏，不饮，不食，不息，息为风，身长千里。在无启之东。其为物，人面，蛇身，赤色，居锺山下。

一目国

一目国在其东，一目中其面而居。一曰有手足。

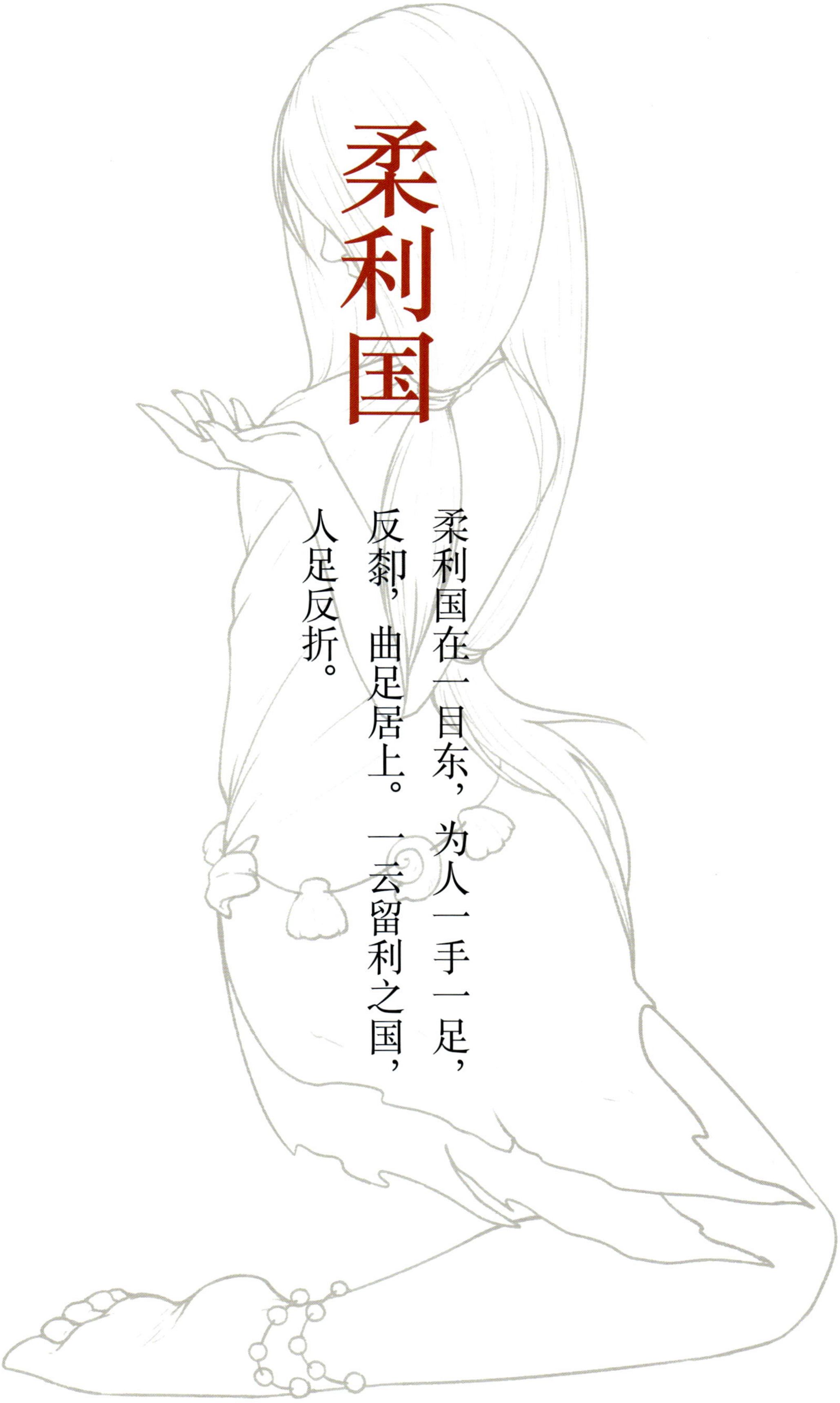

柔利国

柔利国在一目东，为人一手一足，反厀，曲足居上。一云留利之国，人足反折。

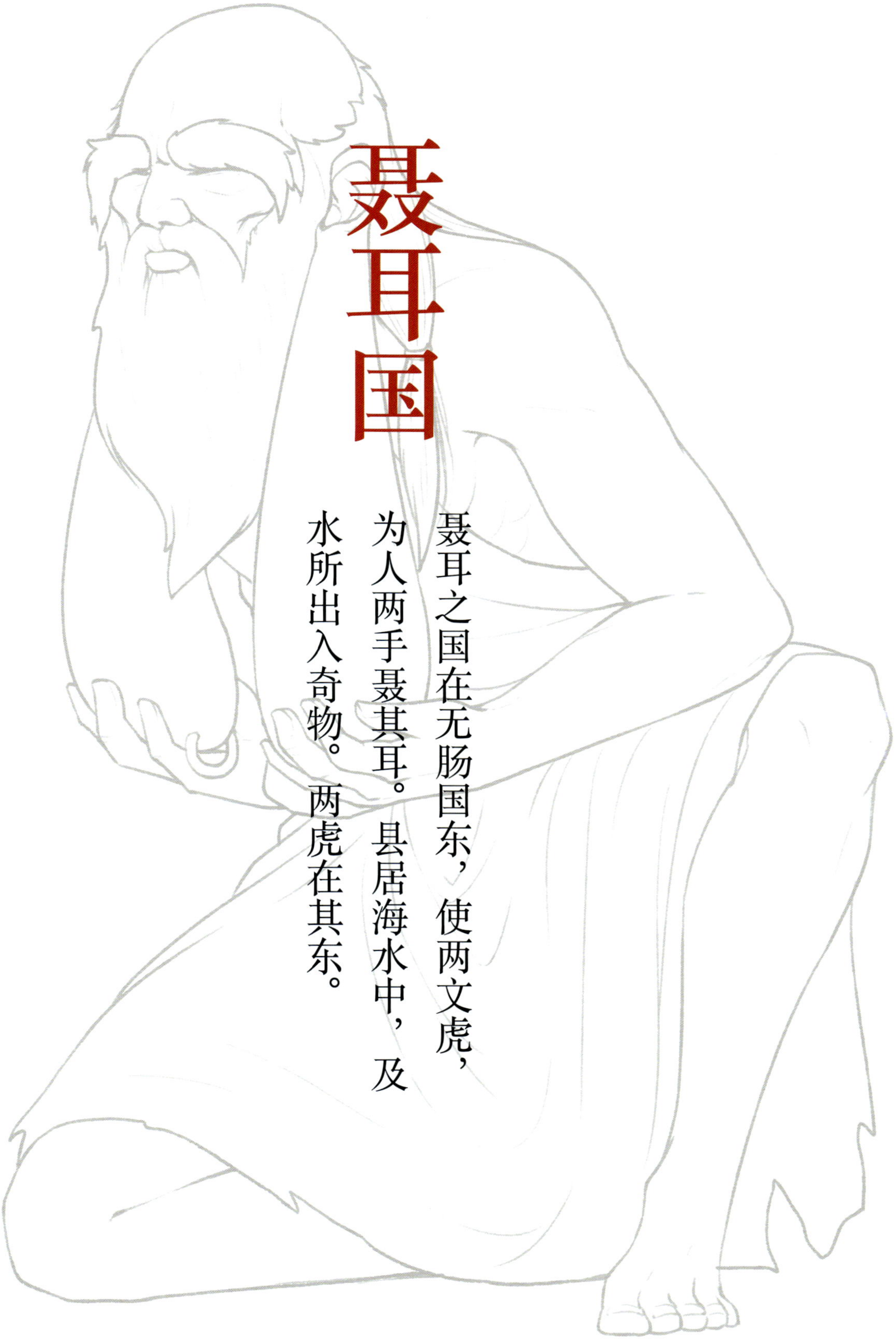

聂耳国

聂耳之国在无肠国东，使两文虎，为人两手聂其耳。县居海水中，及水所出入奇物。两虎在其东。

夸父逐日

夸父与日逐走，入日。渴欲得饮，饮于河渭，河渭不足，北饮大泽。未至，道渴而死。弃其杖，化为邓林。

海外東經

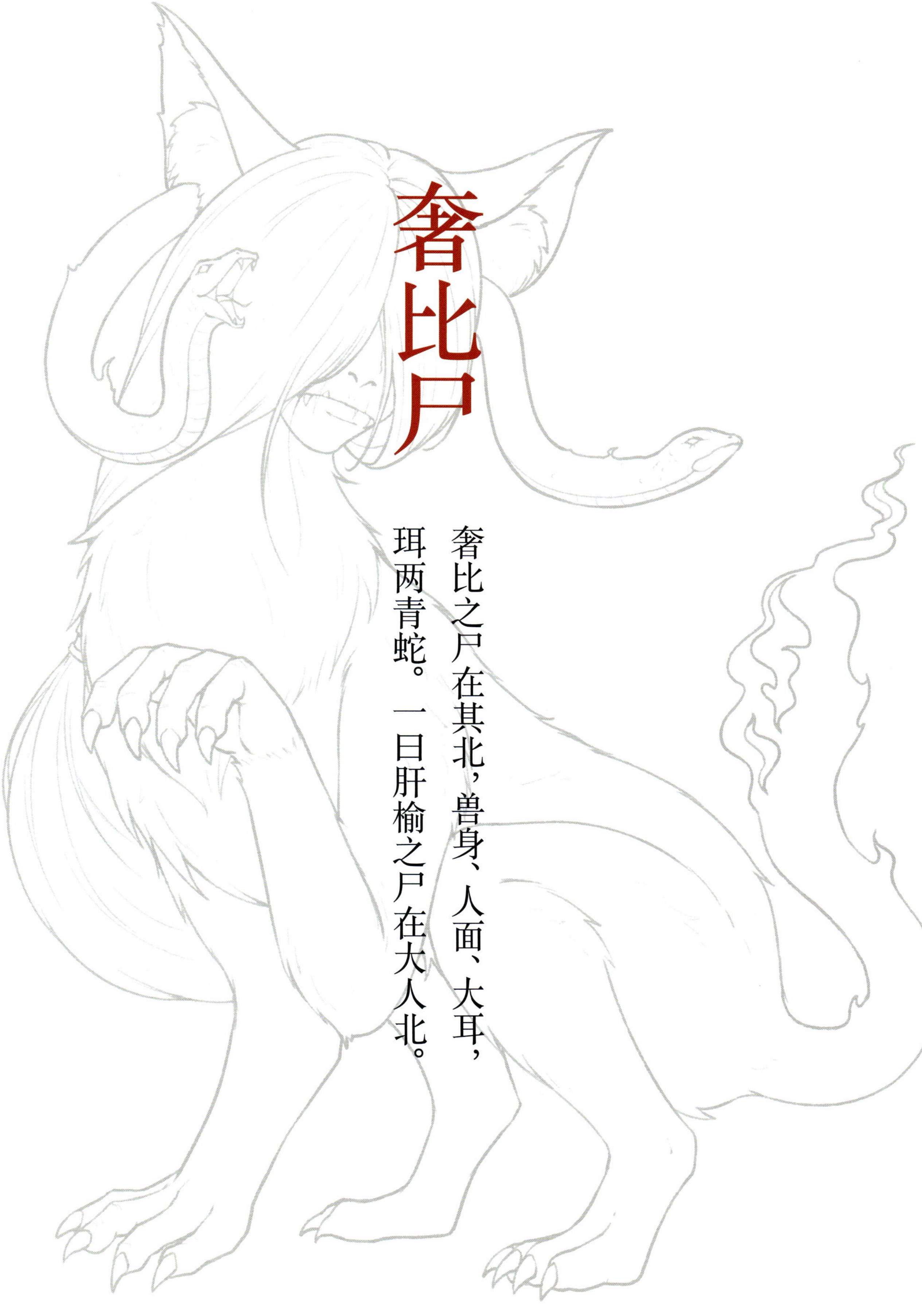

奢比尸

奢比之尸在其北，兽身、人面、大耳，珥两青蛇。一曰肝榆之尸在大人北。

君子国

君子国在其北，衣冠带剑，食兽，使二文虎在旁，其人好让不争。

天吴

朝阳之谷，神曰天吴，是为水伯。在虹虹北两水间。其为兽也，八首人面，八足八尾，背青黄。

雨师妾

雨师妾（国）在其北，其为人黑，两手各操一蛇，左耳有青蛇，右耳有赤蛇。一日在十日北，为人黑身人面，各操一龟。

毛民国

毛民之国在其北，为人身生毛。一曰在玄股北。

句芒

东方句芒，鸟身人面，乘两龙。

海内南經

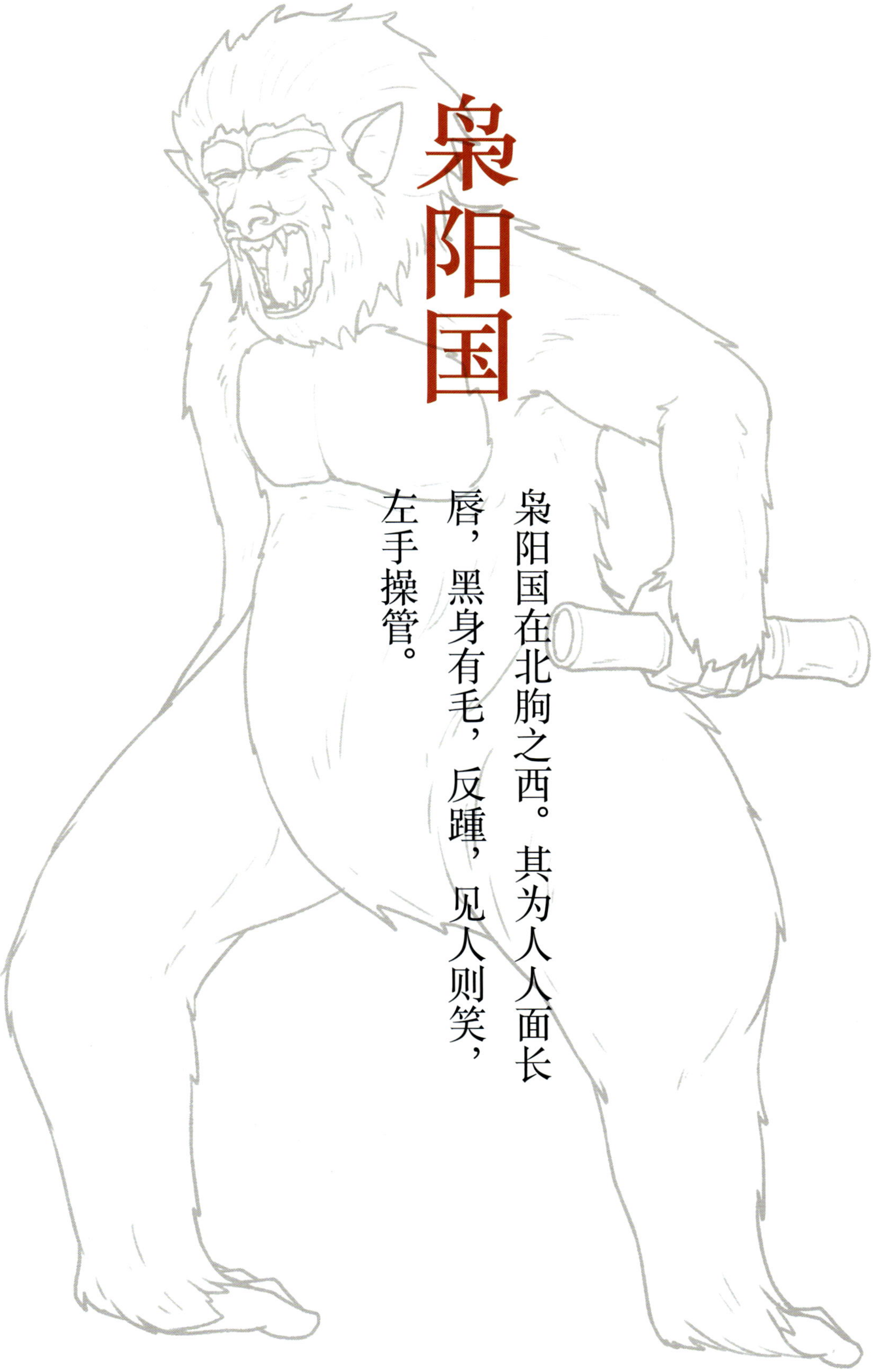

枭阳国

枭阳国在北朐之西。其为人人面长唇，黑身有毛，反踵，见人则笑，左手操管。

兕

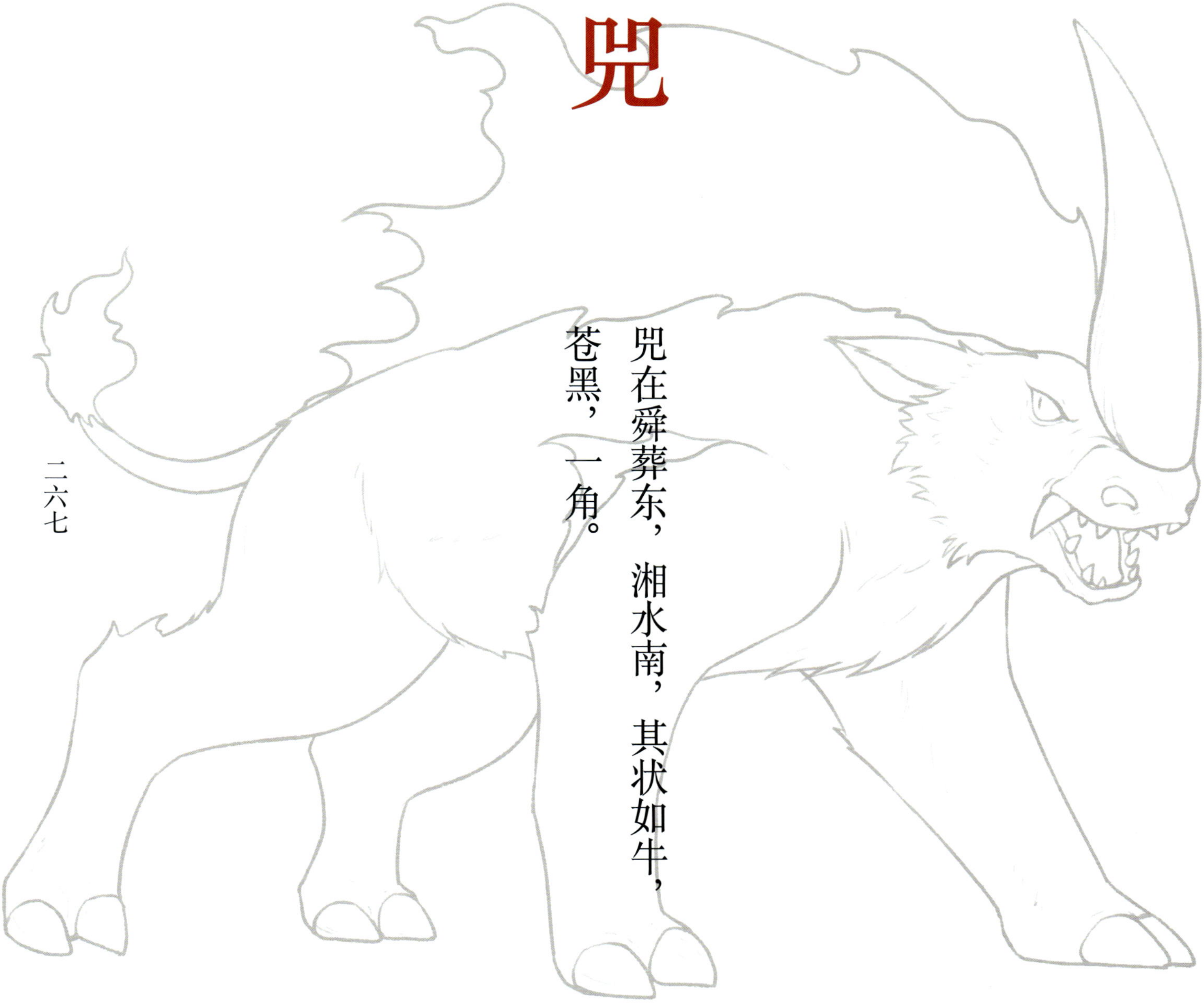

兕在舜葬东，湘水南，其状如牛，苍黑，一角。

氐人国

氐人国在建木西，其为人人面而鱼身，无足。

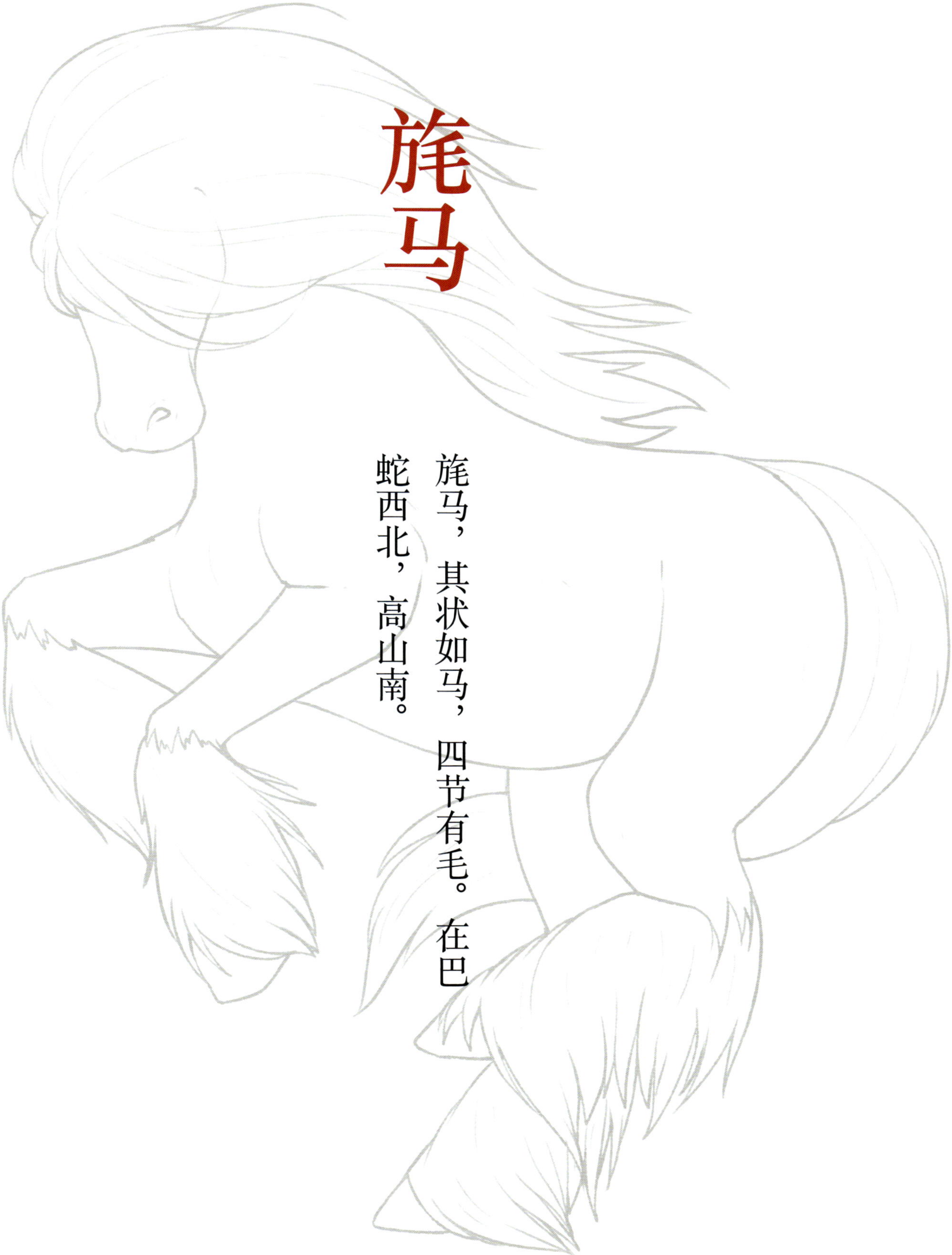

旄马

旄马，其状如马，四节有毛。在巴蛇西北，高山南。

海内西經

危

贰负之臣曰危，危与贰负杀窫窳。帝乃梏之疏属之山，桎其右足，反缚两手，系之山上木。在开题西北。

开明兽

开明兽身大类虎而九首，皆人面，东向立昆仑上。

海内北經

鬼国

鬼国在贰负之尸北，为物人面而一目。一曰贰负神在其东，为物人面蛇身。

穷奇

穷奇状如虎，有翼，食人从首始，所食被发。在蜪犬北。一曰从足。

驺吾

林氏国有珍兽，大若虎，五采毕具，尾长于身，名曰驺吾，乘之日行千里。

陵鱼

陵鱼人面，手足，鱼身，在海中。

海内東經

雷神

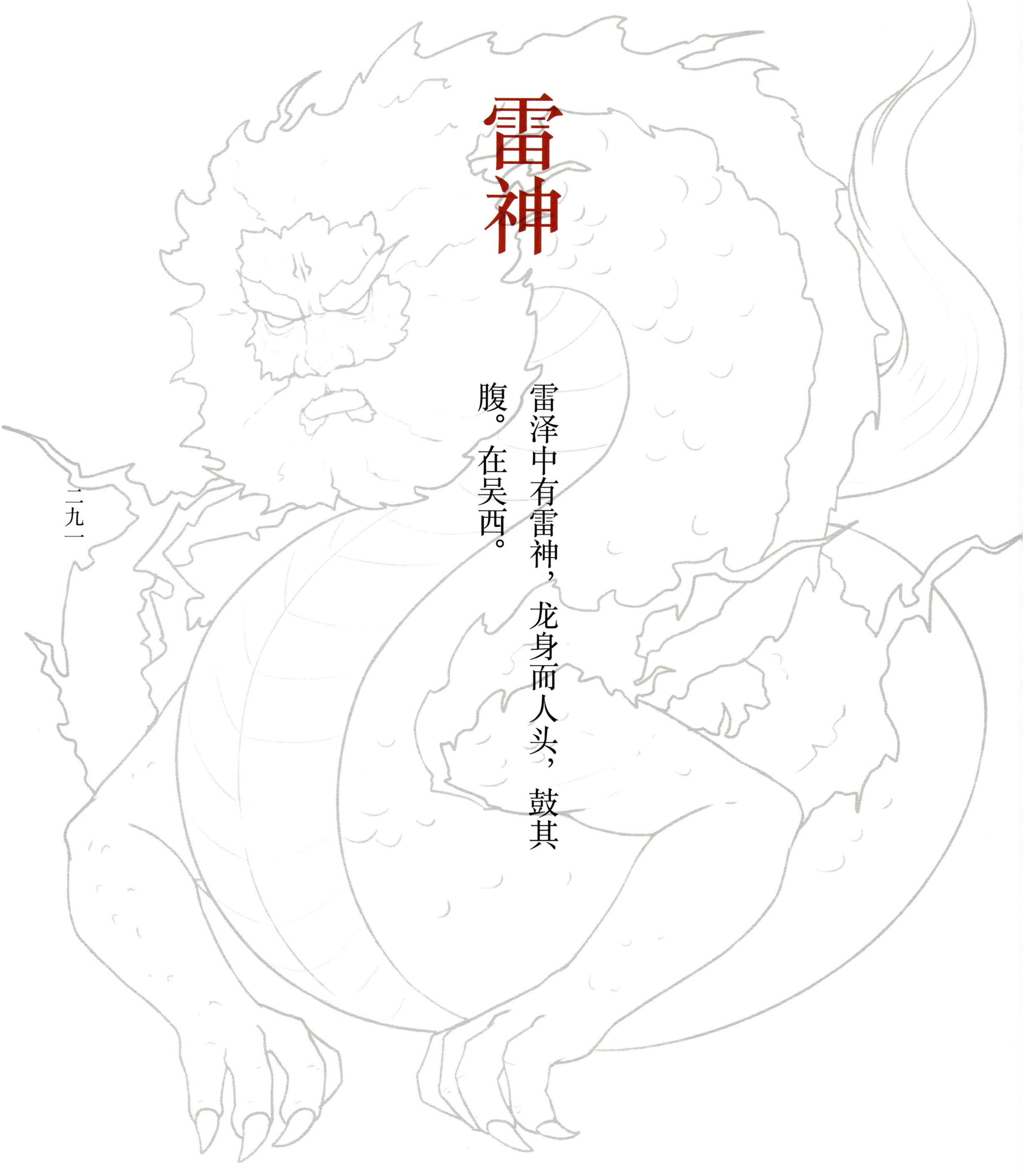

雷泽中有雷神，龙身而人头，鼓其腹。在吴西。

大巡東經

应龙

应龙处南极，杀蚩尤与夸父，不得复上。故下数旱。旱而为应龙之状，乃得大雨。

夔

其上有兽，状如牛，苍身而无角，一足，出入水则必风雨，其光如日月，其声如雷，其名为夔。黄帝得之，以其皮为鼓，橛以雷兽之骨，声闻五百里，以威天下。

大荒南經

跊踢

南海之外，赤水之西，流沙之东，有兽，左右有首，名曰跊踢。

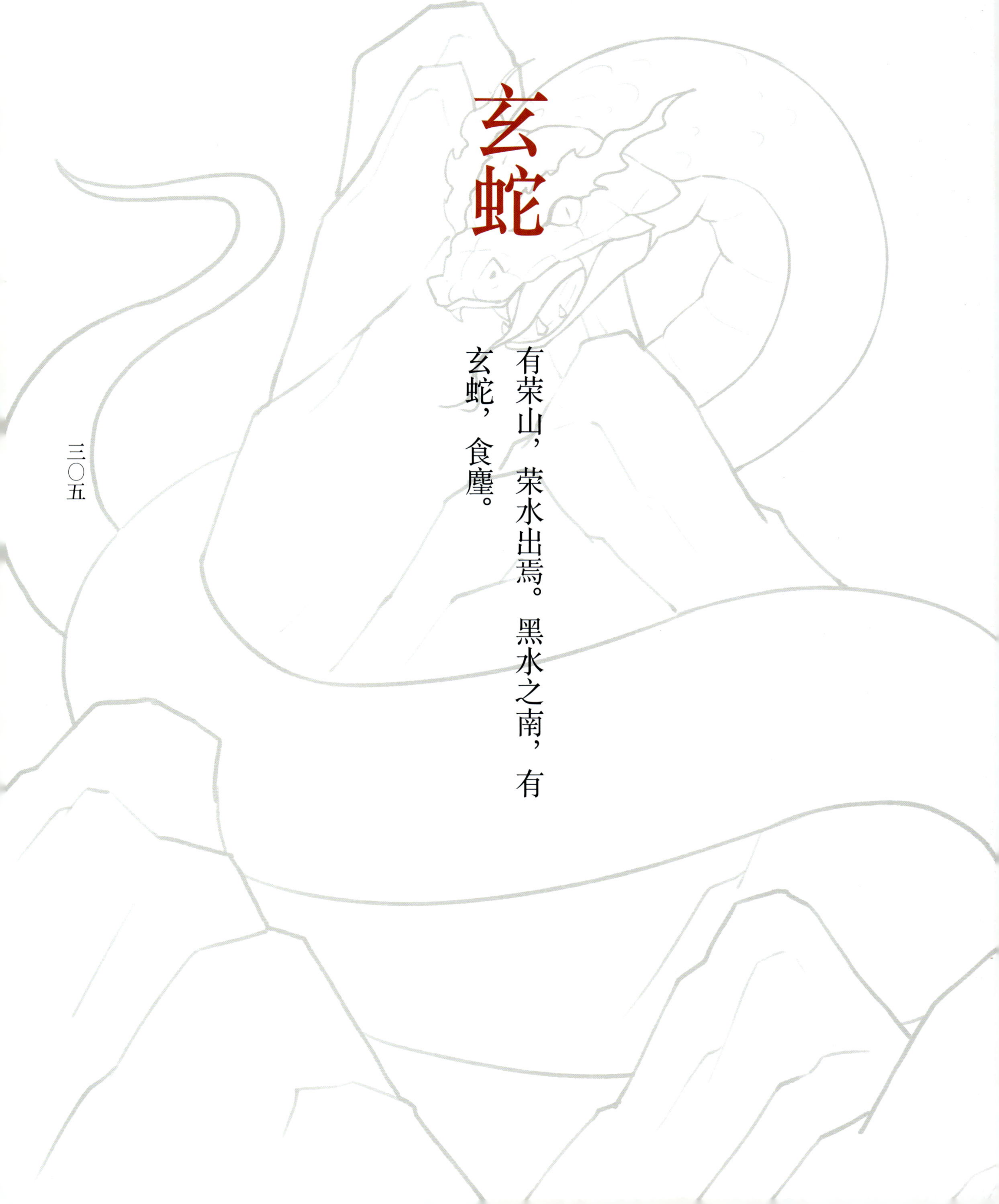

玄蛇

有荣山，荣水出焉。黑水之南，有玄蛇，食麈。

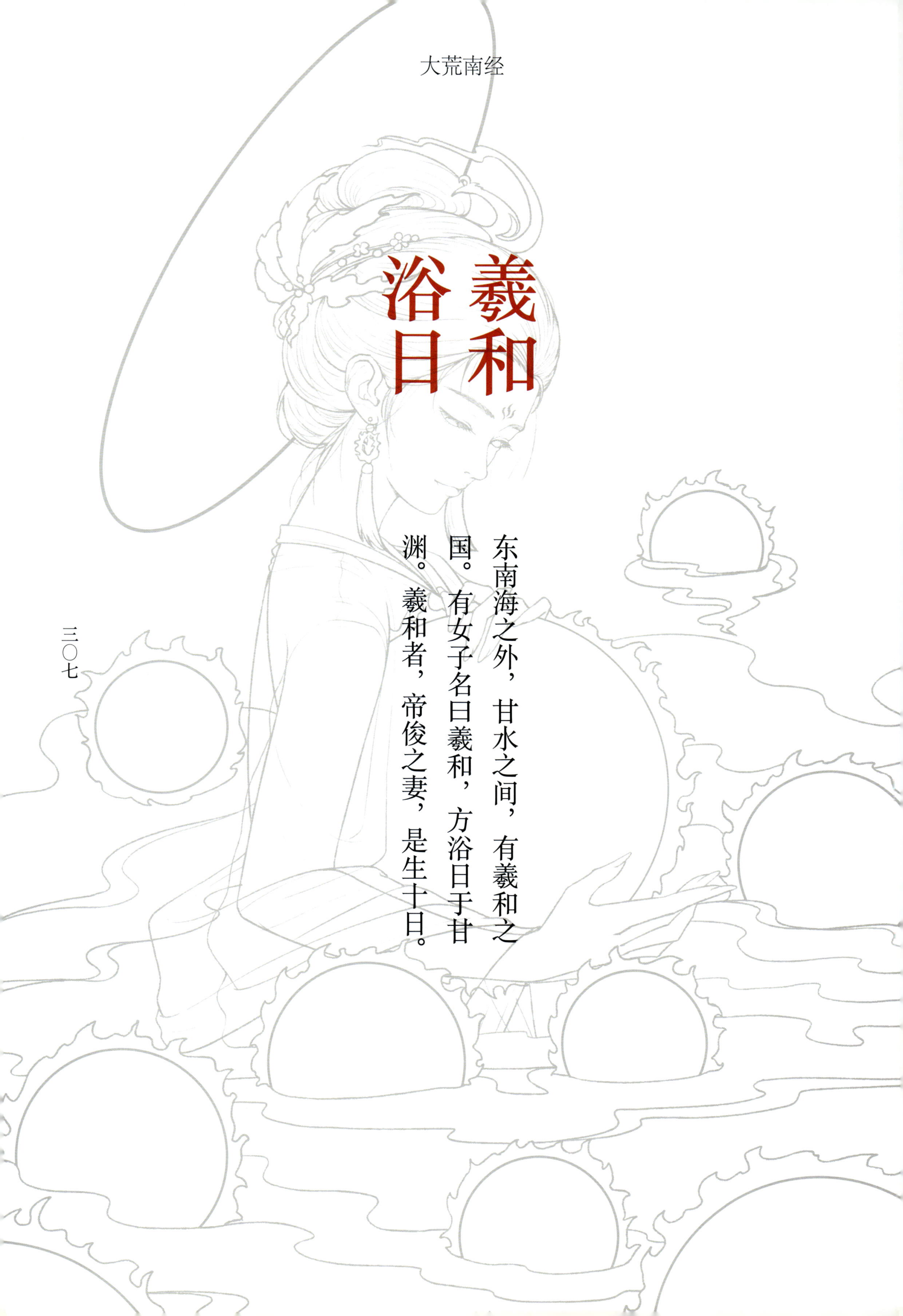

羲和浴日

东南海之外，甘水之间，有羲和之国。有女子名曰羲和，方浴日于甘渊。羲和者，帝俊之妻，是生十日。

大荒西經

嘘

有神，人面无臂，两足反属于头上，名曰嘘。

常羲浴月

有女子方浴月。帝俊妻常羲，生月十有二，此始浴之。

三面人

有人焉三面，是颛顼之子，三面一臂，三面之人不死，是谓大荒之野。

鸀鸟

有青鸟，身黄，赤足，六首，名曰鸀鸟。

大荒北經

琴虫

有虫，兽首蛇身，名曰琴虫。

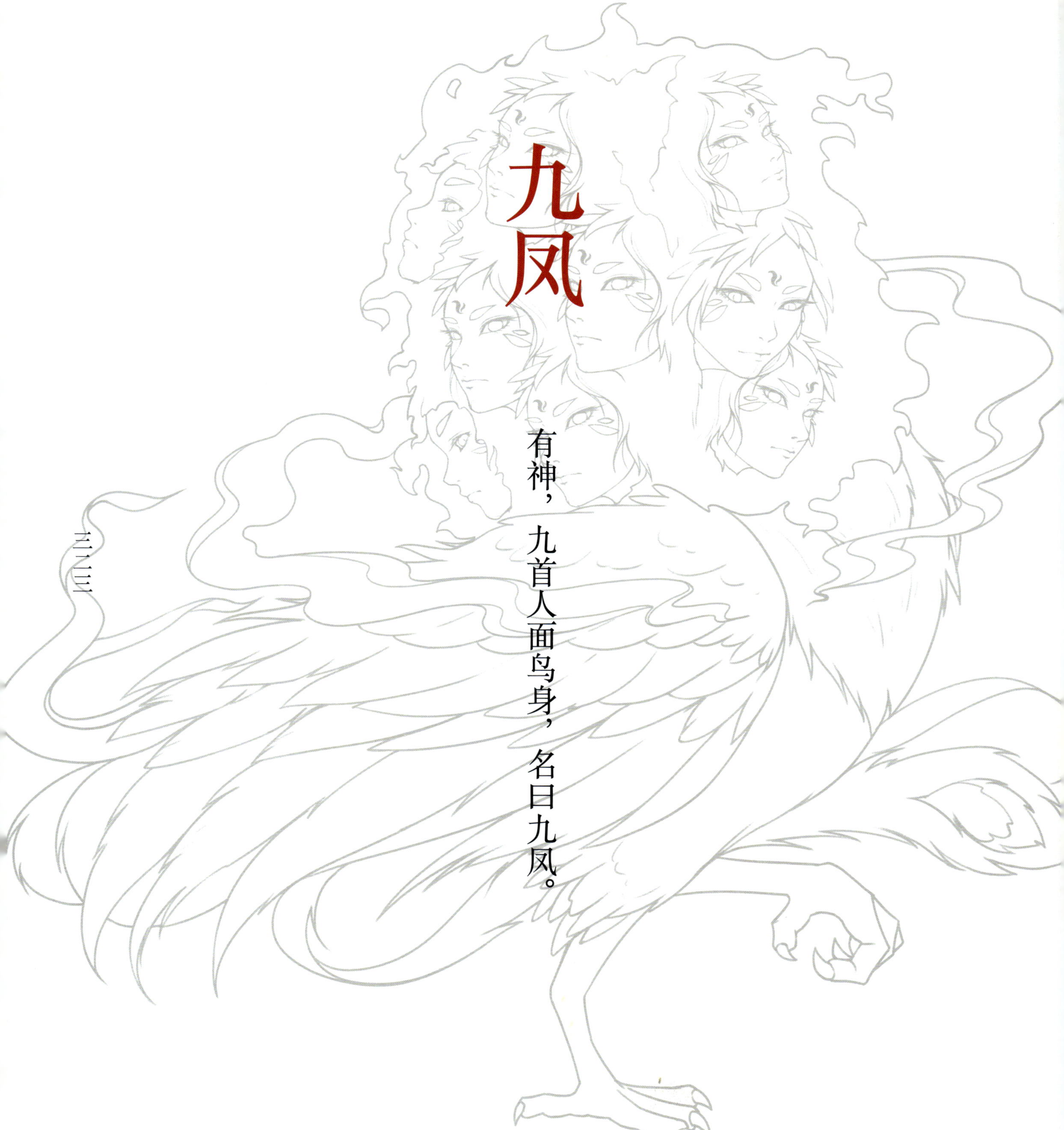

九凤

有神，九首人面鸟身，名曰九凤。

彊良

又有神，衔蛇操蛇，其状虎首人身，四蹄长肘，名曰彊良。

相繇

共工之臣名曰相繇，九首蛇身，自环，食于九山。其所歍所尼，即为源泽，不辛乃苦，百兽莫能处。禹湮洪水，杀相繇，其血腥臭，不可生谷，其地多水，不可居也。禹湮之，三仞三沮，乃以为池，群帝因是以为台。在昆仑之北。

女魃

有系昆之山者，有共工之台，射者不敢北乡。有人衣青衣，名曰黄帝女魃。蚩尤作兵伐黄帝，黄帝乃令应龙攻之冀州之野。应龙畜水，蚩尤请风伯雨师，纵大风雨。黄帝乃下天女曰魃，雨止，遂杀蚩尤。魃不得复上，所居不雨。叔均言之帝，后置之赤水之北。叔均乃为田祖。魃时亡之。所欲逐之者，令曰：『神北行！』先除水道，决通沟渎。

风伯

应龙畜水，蚩尤请风伯雨师，纵大风雨。

蚩尤

蚩尤作兵伐黄帝，黄帝乃令应龙攻之冀州之野。应龙畜水，蚩尤请风伯雨师，纵大风雨。黄帝乃下天女曰魃，雨止，遂杀蚩尤。

海内經

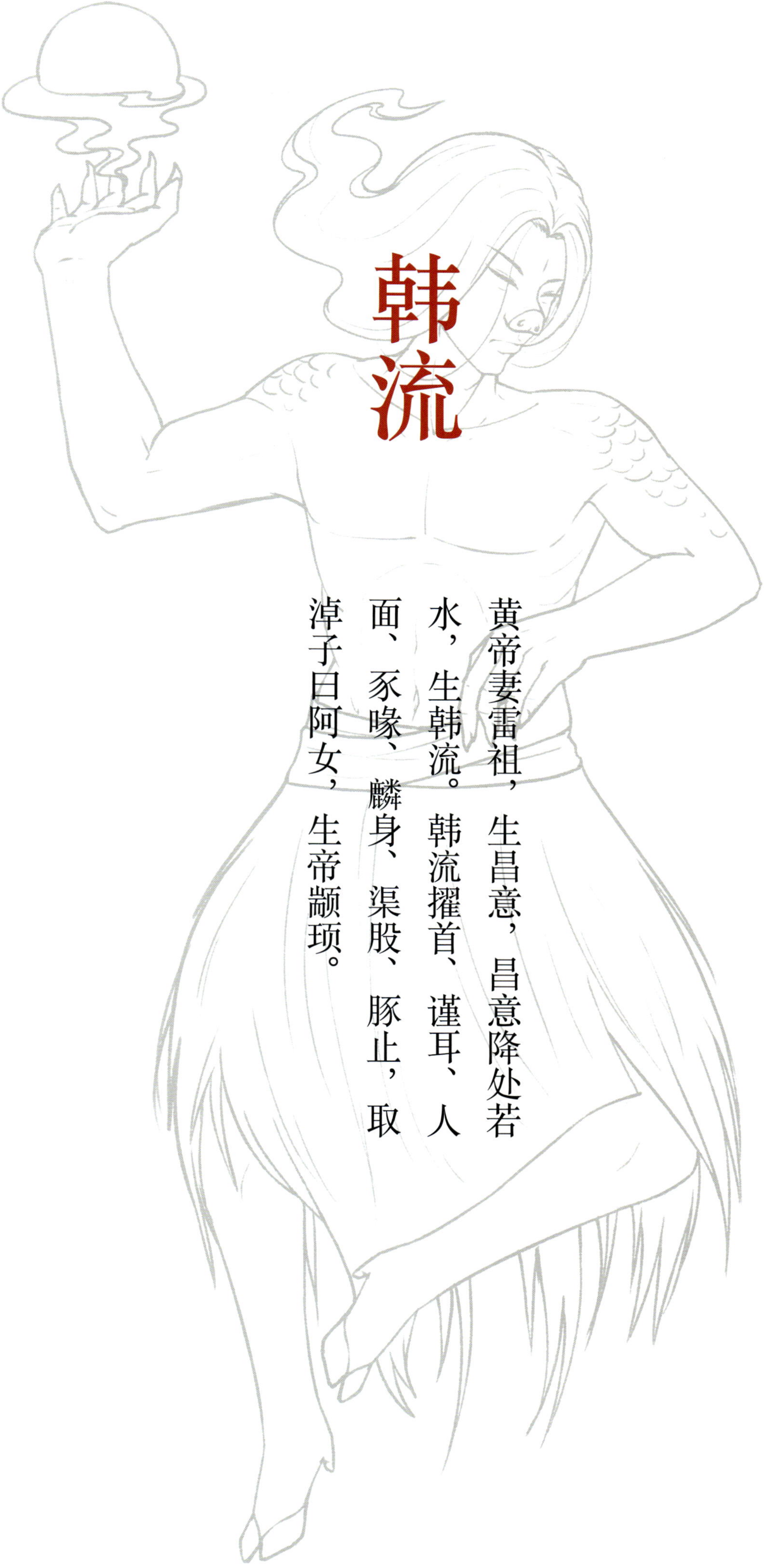

韩流

黄帝妻雷祖，生昌意，昌意降处若水，生韩流。韩流擢首、谨耳、人面、豕喙、麟身、渠股、豚止，取淖子曰阿女，生帝颛顼。

黑人

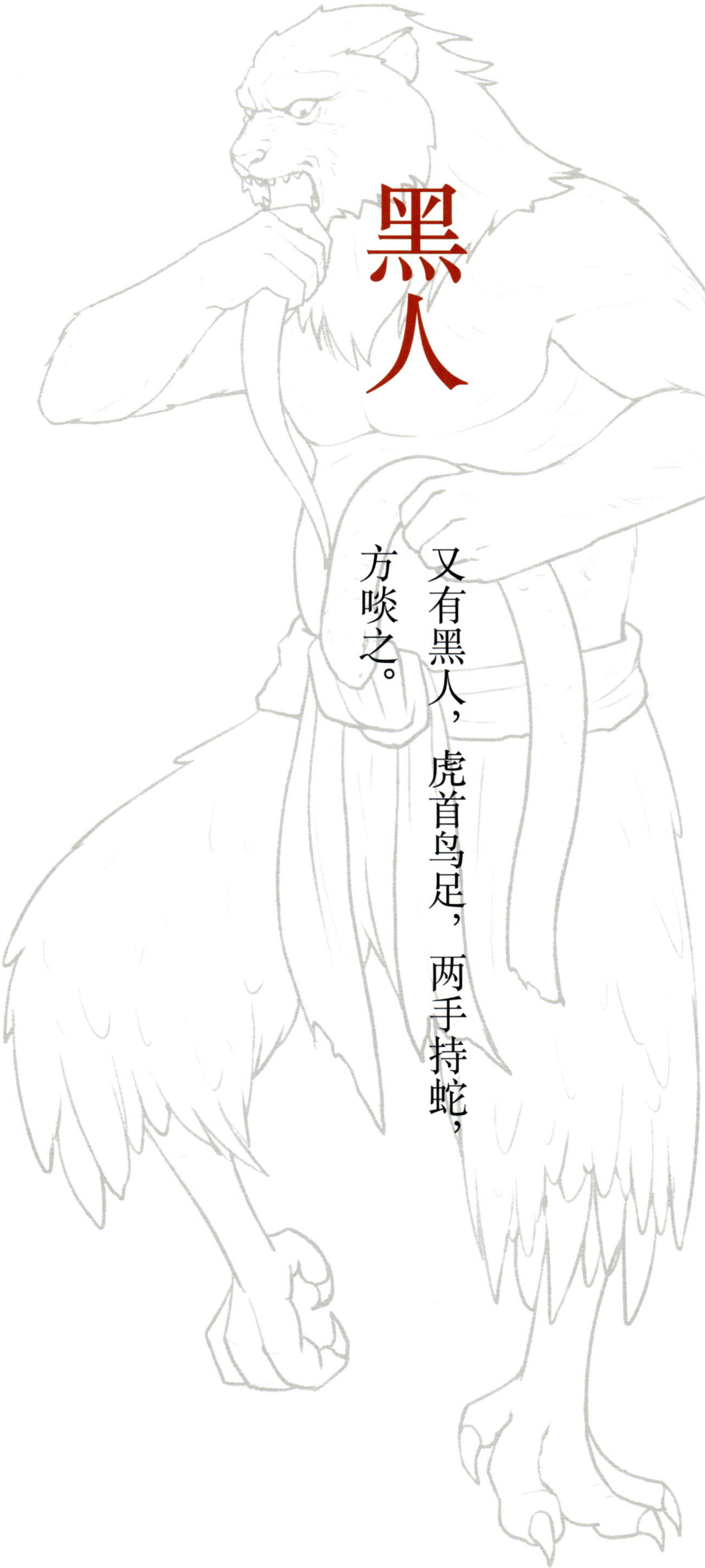

又有黑人，虎首鸟足，两手持蛇，方啖之。

延维

有神焉，人首蛇身，长如辕，左右有首，衣紫衣，冠旃冠，名曰延维，人主得而飨食之，伯天下。

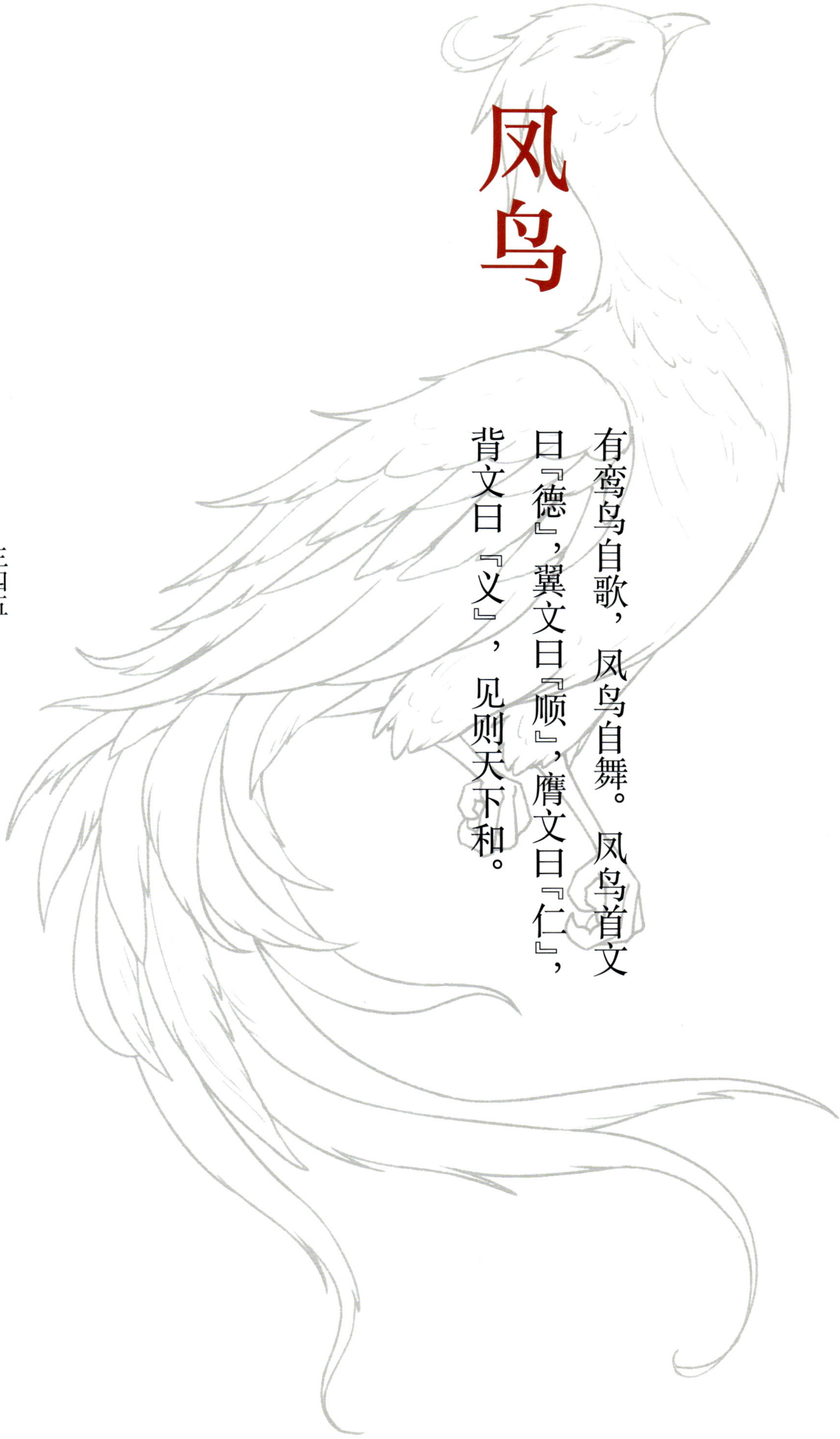

凤鸟

有鸾鸟自歌，凤鸟自舞。凤鸟首文曰『德』，翼文曰『顺』，膺文曰『仁』，背文曰『义』，见则天下和。

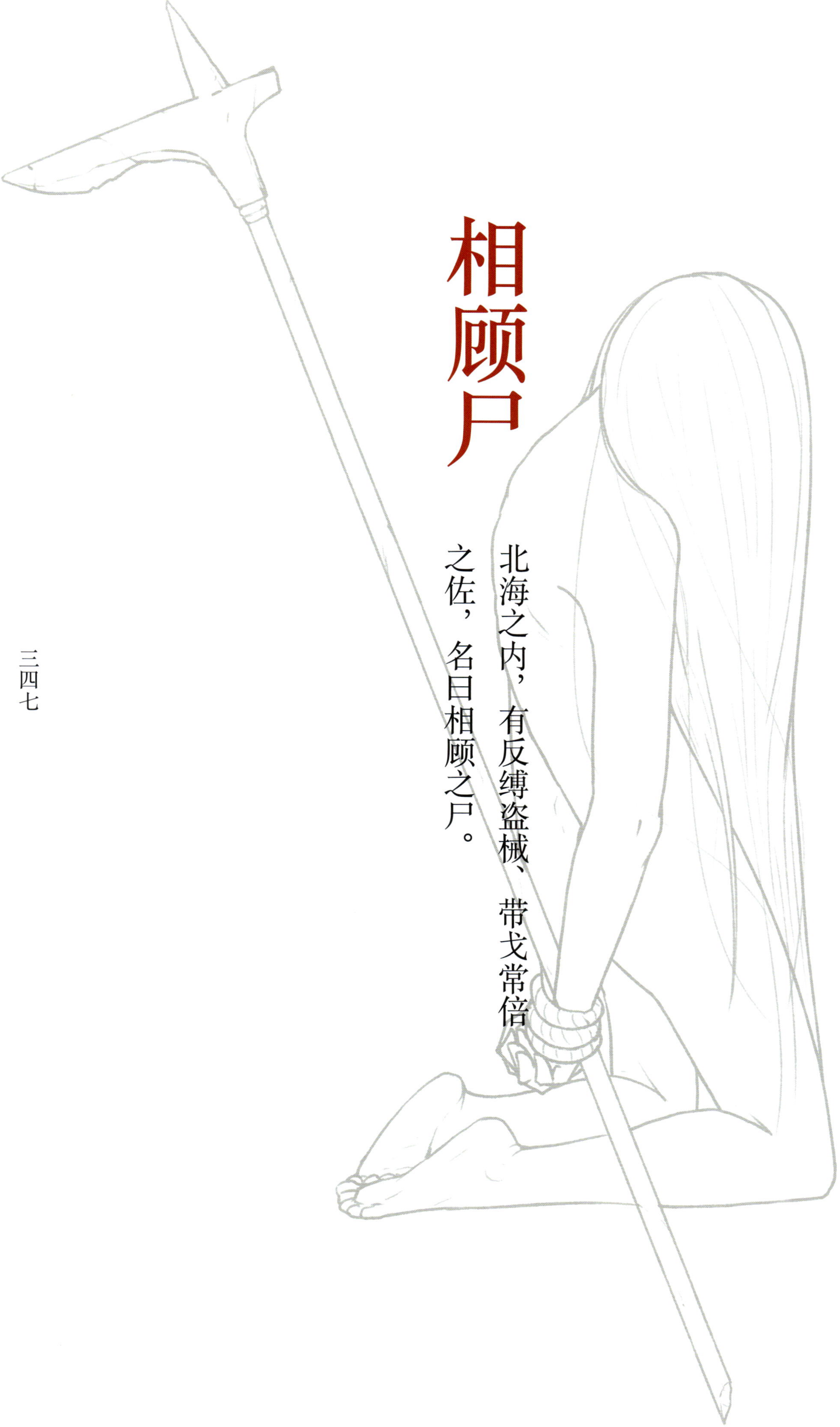

相顾尸

北海之内，有反缚盗械、带戈常倍之佐，名曰相顾之尸。

钉灵国

有钉灵之国，其民从厀以下有毛，马蹄善走。

羿

帝俊赐羿彤弓素矰，以扶下国，羿是始去恤下地之百艰。

共工

祝融降处于江水，生共工。

大禹治水

洪水滔天。鲧窃帝之息壤以堙洪水，不待帝命。帝令祝融杀鲧于羽郊。鲧复生禹。帝乃命禹卒布土以定九州。

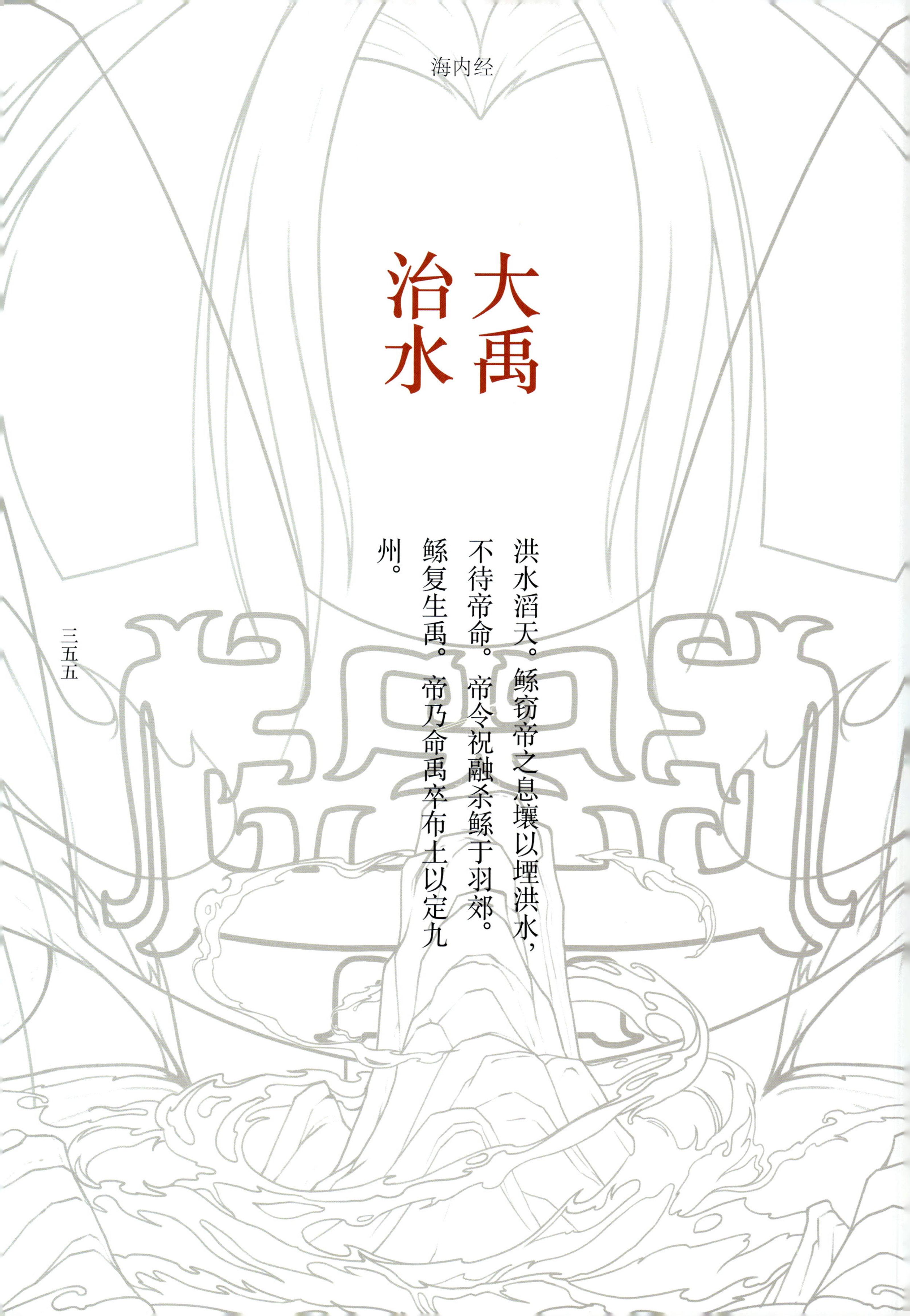